触摸欧洲

——一个中国记者在欧洲的采访日记

刘建春 著

暨南大学出版社
JINAN UNIVERSITY PRESS

图书在版编目（CIP）数据

触摸欧洲：一个中国记者在欧洲的采访故事/刘建春著．—广州：暨南大学出版社，2007.4

ISBN 978－7－81079－830－3

Ⅰ．触…　Ⅱ．刘…　Ⅲ．游记—欧洲　Ⅳ．K950.9

中国版本图书馆 CIP 数据核字（2007）第 031094 号

出版发行：暨南大学出版社

地　址：中国广州暨南大学
电　话：总编室（8620）85221601
　　　　营销部（8620）85227972　85220602（邮购）
传　真：（8620）85221583（办公室）　85223774（营销部）
邮　编：510630
网　址：http://www.jnupress.com　http://press.jnu.edu.cn

排　版：暨南大学出版社照排中心
印　刷：佛山市浩文彩色印刷有限公司

开　本：890mm×1240mm　1/32
印　张：7
字　数：182 千
版　次：2007 年 4 月第 1 版
印　次：2007 年 4 月第 1 次

定　价：18.00 元

目　录

巴黎的风

意大利的雨

“欧洲他国”的云

巴黎的风

北京签证遇“险”

幸运之神再次降临到我的头上。从美国回国 3 年后，我得到了朋友从香港发来的一封邀请函，由法国科技新闻处邀请我同香港、上海部分报刊的资深记者访问法国，主要采访报道环保内容，时间 8 天，费用全部由对方承担。

出国是多少人梦寐以求的事，何况还免费。这怎不令人心旷神怡？我抑制不住心中的喜悦，当收到正式邀请函后，我便开始抓紧办理护照。半个月后，新换的护照一拿到，我便立即飞往北京签证。此时离赴法时间只有 5 天。

冬天的北京，很冷，风忒大，吹在脸上有一种刺骨的感觉。下午两点差 10 分，我打的赶到法国大使馆。使馆门前冷冷清清，只有一对青年男女瑟缩在寒风中，不停地在紧闭的门前踱着碎步。这与我 1995 年在成都美领馆办签证时人排成长龙的景象形成鲜明对比。

我和持枪的武警门卫聊了起来。他是湖北人，刚来几个月，每天要站好几个小时，风里雨里，从不间断，蛮辛苦的。说起签证，他问我材料齐不齐。我告诉他带齐了，有邀请函正本和护照。他一听，连忙说，这不行，得有户口簿。我一听傻了，从没听说签证还要户口簿。他说是今年刚实行的。前几天从沈阳来了一个签证的，也是因为没带户口簿，差点没签上，好在使馆里有一职工认识他才签了下来。我一听，心凉到了顶点，要是我马上返回重庆，再把户口簿带上，甭说费用了，就谈时间也没辙。因我 25 号必须从香港出境，对方往返机票已订好。这怎么办？

两点钟到了，一位长着瓜子脸、一双杏眼、皮肤洁白的漂亮法国女郎打开门，挨个给排队的人发号。我是6号。等轮到我时，我告诉这位签证小姐，我忘了带户口簿。后来，我又补充道，我根本不知道签证要带户口簿。小姐一听，满脸不悦，有点不耐烦地说，必须带本人户口原件，还要单位介绍信。随后递给我一张登记表，我还想解释什么，她把手一招——7号。

我退到大厅，拿起登记表一看，上面有一排中文字，注明签证必带的材料，其中赫然写着：户口簿、单位介绍信……

我好一阵紧张，赶紧给法国科技新闻处驻香港办事处高级新闻主任芮瑞琦小姐打电话求助，请她跟大使馆联系一下，证明我的身份。

芮小姐一听也非常着急，说她上午已给大使馆发了邀请函的传真件，并说，马上打电话找使馆负责人。叫我半个小时后再打过去。

我放下电话，焦急地在大厅里坐立不安。半小时后，我打过去，她告诉我负责人出去了还没回来，叫我半小时后再打过去。

那刻，我真有一种失落感，觉得这次赴法希望太渺茫了。我责怪自己，当初为什么不联系清楚后再来签证，真是大意失荆州！

在大厅里，我和两位签证小姐聊了聊，她们说，没有户口簿原件，绝对签不了，而且要等一个礼拜。真费劲，去法国这么麻烦。我心里已做好准备，一旦不行，后天即飞回重庆。

半小时后，我再拨打芮小姐的电话，她兴奋地告诉我，她已找到使馆的一位新闻官，告诉了他我的情况，并将我的名字告诉了对方。对方称没问题，可以签证。我一颗悬着的心放了下来。我赶紧到窗口递上我的材料，并向小姐表明我没带户口簿的原因。这次小姐莞尔一笑说，明天早上9点将你的所有材料带来。我高兴地说：谢谢！

真是山重水复，看来赴法有望了。

果然，次日晨9点，我将材料递上去后，那位小姐笑容可掬，很快审查完毕，并让我交了170元签证费，这意味着签证顺利通过了。香港来的电话起到了关键作用。

“我什么时候来取签证?”

“随便。”

“下午能行吗? 我想早点走。”

“行!”

她答得好爽快，真神了！下午两点，我准时到了签证处。那位小姐在前台翻了翻，没翻到我的签证，她又跑到里面办公室，等了片刻，只见她拿着护照走了出来。她将护照递给我，客气地说:“欢迎你下次再来!”

法国也是一个需要宣传的国家，她对中国记者的采访，也是张开双臂热情欢迎的。“OK!”多好的北京冬日，我感到那天的阳光特别温暖，大使馆那位漂亮的法国小姐，真令我难忘!

记者手记

真是虚惊一场！一件赴法采访的美事差点失之交臂，幸亏有朋友鼎力相助，我才如愿以偿。

签证，这是令无数人头痛的事，往往费了大半年工夫，打电话，寄材料，办护照……等你办得差不多了，万事俱备，只欠东风时，大使馆签证一下被“毙”了，真是功亏一篑，那才叫心灰意冷，犹如掉进了冰窖里，好几天都暖和不过来。

话又说回来，签证也很考验一个人的心态和意志，面对失败，是沮丧不已、一蹶不振，还是总结经验、重新签证？我就在纽约遇到过这样的人，连着被拒三次，最后还是成功了。

当然，这种反复折腾的滋味肯定是很难受的。我倒没体验过，说实在的，也不想去体验。记得赴美签证时，也是一次性就签到了。

幸运吗？幸运！这种幸运是不是也寄寓着一种道理，比如你的学识、涵养，你的阅历成就了你脸上的自信和诚实等。这些都是你成功签证的必备要素。

如果再有这样的签证，我深信我还会一次就成功的。

热情的巴黎女导游

我从北京乘飞机到深圳后，即转乘大巴到了香港。晚上 11 点 40 分，我与芮小姐及香港的两位记者（上海一位编辑改从上海直飞巴黎）同乘一架飞机。12 小时以后，我们到达了巴黎，而巴黎刚好是凌晨 6 点（北京与巴黎时差约为 7 小时）。

住进旅馆后，稍事休息，法方请来了一位会讲中文的巴黎女导游，开始了一天的市内游览。

女导游长得端庄、秀丽，身材瘦削、高挑。一头金发如瀑布般地披在双肩上，一双深蓝色的眼睛充满了灵气和热情。

“你们好！”一见面，女导游便用流利的华语向我们问好。“我姓林，双木林的林。”闲谈中，我们知道她今年 40 岁，丈夫在博物馆工作，有两个小孩，一男一女，最小的女孩才 1 岁半，大的男孩也刚满 3 岁。

“我去中国有 50 多次，最近有一年多没去了，都因孩子太小。”在驶向卢浮宫的途中，林小

与巴黎女导游在一起

姐谈起中国，蛮有感情的。

“你们学中文的多吗?”我问道。

“以前不多，自从中国对外开放以后，学中文的越来越多，连许多高中也开了中文课。”

“你是哪个学校毕业的?做导游多少年了?”香港的陈小姐也好奇地问起来。

“全法国有两所大学，巴黎第七和第十大学开了中文课。我22岁高中毕业后考入第七大学读中文，当时两个班，每班80个学生。两年后，我这个班只剩7个人，另一个班也只有8个人，后来两个班合成一个班，共15个学员。”她用手捋了捋散乱的发髻，又继续道，“学中文太难了，学了一年多，我也只会一、二、三、你、我、他。这样下去行吗?我心里很着急，就通过朋友联系到台湾师范大学学习，熟悉语言环境。我进的这个班只有4个学生，一个老师教。头两个月学发音，后两个月一下就好多

中国记者代表团与斯特拉斯堡工商会顾问斯洛耐克（中）、法国企业国际促进署驻香港新闻处处长马佳娜（左二）合影

了，进步很快。16 个月后，回巴黎考试，考语法、文言文、历史、地理等，门门及格，顺利毕业。”

“你们当年班里的同学有做导游的吗？”陈小姐又蛮有兴致地问道。

提起当年上大学的情景，林小姐显然很有感情，毕竟那是她人生中最可留念的宝贵岁月。当年她学的专业要四年，三年学语文、艺术和历史，一年学导游。每两年参加一次考试。她们班最后只剩下 7 个人。毕业后，一个做了贸易，一个嫁给中国人去了广州，一个做医生，她自己和另一个女同学做了导游。另两位就不知去向。1979 开始考华人导游证，60%是来自台湾和大陆的华人，只有 40%是法国人。她 1989 年开始做导游，由于没有导游证，一进博物馆，就请有导游证的人来当导游，直到 1996 年她才正式拿到了导游证。现在全法国有 40 个华人导游。

“你真不简单，中文说得蛮好。”我赞叹道。说实在的，她的华语真地道，要不是见人，光听声音，你还真会误以为是北京人呢！

“我很喜欢中国文化，中国的历史很悠久，富有文化底蕴，这是我热爱并喜欢学习的一个主要原因。当然，做导游也蛮辛苦的，收入也时丰时薄。去年台湾发生地震，有 6 个月台湾没有一个团到巴黎，生活无着落，全靠丈夫的薪水度日。”

她告诉我们，她除了当导游，还兼做翻译，旅游旺季时做导游，淡季时当翻译。她主要给工厂翻译一些中文资料，也翻译法国纪录片。当然更多的是给当地电视台翻译有关中国的风土人情、名胜古迹，诸如贵州的庙会、西双版纳的风情等内容的电视节目。其酬金往往一次讲断。

这次法国科技新闻处请她做我们一天的导游，将付她 1 000 法郎小费，其午餐及喝咖啡的费用全由新闻处另付。一个导游做得好的话，每月可收入 2 万 ~ 3 万法郎。

林小姐热情大方，且对中国习俗也能融会贯通。一般讲，在国外很忌讳两个问题，一是女人的年龄，二是工资。可林小姐像一个中国通似的无所顾忌地和我们攀谈。

车快到香榭丽舍大道时，我因有急事要与法国朋友联系，便冒昧地请她借用一下手中的电话。她“OK”一声，马上把手机递给我。

我知道这在国外是很忌讳的，毕竟我曾在美国待过两年。打完电话后，我感激地说：“太谢谢你了！”

初次入法，法国女导游便给我们留下了非常美好的印象。不知不觉中，我们已经到了埃菲尔铁塔。

记者手记

面对这位热情、开朗的女导游，凝视着她那一双深蓝色的凹陷的大眼，你就像面对一潭清澈透明的湖水，你的心灵也得到了净化。

这里没有世俗、虚伪和狡黠，这里有的是单纯、热情和无私。

友谊是没有国界的。我们从遥远的北京赶到巴黎，在一个异域陌生的环境里，虽然地处寒冷的巴黎，却俨然在温馨的北京，有一种宾至如归之感。

是中国对外开放后日益强大和繁荣的前景征服了她的心？是中国悠久的历史和灿烂的文明使她对中国有一种特别亲热的原动力？是我们不远千里万里从北京来到巴黎宣传法国的举动感动了她？

“我很喜欢中国文化。”多么质朴的话语。作为一个中国人，我在她身上看到了一种巴黎人的文化，那就是，坦率而富有内涵，热情而富有教养，就像法国的橄榄一样，越咀嚼越有嚼头，令人回味再三。

“云中牧女”
——埃菲尔铁塔

埃菲尔铁塔

矗立在我们面前的埃菲尔铁塔高耸云天，宛如一把锋利的剑柄直刺苍穹。浪漫的巴黎人曾给铁塔取了个美丽的名字——“云中牧女”。据称，埃菲尔铁塔是为迎接世界博览会在巴黎召开而在1889年建成的，以设计人法国著名建筑工程师居斯塔·埃菲尔的名字命名，并在塔下为埃菲尔塑了一座铜像。

铁塔高320米，由1.5万个金属体焊接而成，A字形。塔身重7 000吨，全靠四根粗大的带混凝土水泥台基的铁柱支撑。塔分三层，每一层上都设有酒吧和饭馆，供游客在此小憩。

“当年修建这座铁塔时，曾遭到莫泊桑、小仲马等文化名人的反对。他们认为，建造铁塔有碍法兰西的风雅，是对法国历史与艺术的伤害。但埃菲尔却信念坚定，力排众议，精心设计施工，用了两年多时间，完成了这项工程。”导游热情地向我们介绍道。

不可想象，靠自学成为一名铁路桥梁的“万能工程师”的埃

巴黎市政府

菲尔，竟设计制造出了一座造型独特、富有活力生气和更加现代化的伟大建筑。它巍然耸立在巴黎上空，仿佛君临于这座城市的所有其他旧建筑物之上，那些旧建筑代表着这座城市的过去，而埃菲尔铁塔则预示着未来以及人类将要去实现的新的征服。

“爱迪生在三层有一个工作间，当年为了试验能否在法国和美国同一时间发报，爱迪生就在铁塔上发射，最后试验成功。”导游又打开了话匣，“更奇的是，第二次世界大战期间，铁塔作为电话的收听台，还截获过德国法西斯军队的重要情报呢！不过，现在的铁塔，早已成为一座电视塔了。”

导游领着我们向铁塔攀登，越往上走，风越大，视野也越开阔。当我们登上三层时，凭栏远眺，夏乐宫、凯旋门、香榭丽舍大道、卢浮宫、巴黎圣母院一一尽收眼底。脚下，碧波粼粼的塞纳河静静地流淌着，像一条碧蓝色的缎带缠绕在美丽的巴黎腰间。

我抚摸着看似簇新的油漆，疑惑道：“这油漆没脱落过？”

导游扑哧一笑：“100 多年了，这日晒雨淋的，再好的漆也要掉。这铁塔是每 8 年刷一次，每次要用 60 吨防锈漆，25 个人要刷 18 个月，今年才刚刚刷了一次。”导游轻轻拍打着铁栏，双目凝望着深远的蓝天。

“哟，这刷漆工程太浩大了！”我感叹道，“难怪，全世界的人都要来此一睹奇观！”

“你知道，全世界每年有 1 200 万人来此参观，旺季时，游人要排两三个小时才能登上铁塔。”导游收回目光，用手指着铁塔下的绿荫区说：“过去这里是练兵场，现在是公园。古时候，这里是举办许多庆祝活动的地方，现在，大片地方已被用作举行世界博览会场所。”

我们向下俯视，深秋的巴黎，已是秋风萧萧，枯黄的梧桐叶随风飘落，一株株光秃秃的树干在寒风中瑟瑟地颤抖，倒是那些不知寒冷的鸽子飞来飞去，给空寂冷清的公园增添了些许生气。

听导游介绍，埃菲尔铁塔还有一景，颇为壮观，那就是每天晚上 10 点 15 分至 11 点 15 分，一个小时的璀璨灯光，将把铁塔装点得金碧辉煌，俨然一座光彩熠熠的金塔。

那时，“云中牧女”的美丽身姿，将定格在深邃苍茫的夜空里，成为一幅世纪经典的绝世之画永远驻存在人们的记忆之中。

巴黎街头小景

记 者 手 记

埃菲尔铁塔像一个巨人，顶天立地，其气势和造型都是当今世界建筑史上的奇迹。面对埃菲尔铁塔，我想到中国的长城、埃及的金字塔……它代表着一个国家的文化，是一种力量和智慧的象征。这些建筑无论在设计还是施工方面，都是世上独一无二的纪念性建筑物。它们规模的宏大，赢得了世人的啧啧称奇，更成为重要的见证物：它们表明，人类有一种与生俱来的意愿，想要建成某些足以证明他们聪明才智的东西。埃菲尔铁塔便是其中典型的一例。

我站在埃菲尔铁塔上，感到有一种巨大的力量在支撑着我，那就是创新和征服。只有不断创新，才会有不断征服。相反，每一次征服，都标志着又一次创新。埃菲尔铁塔便是创新的范例。

天庭似的香榭丽舍大街

香榭丽舍大街是法国最著名的景点之一，它与巍然高耸云天的埃菲尔铁塔、雄伟壮丽的巴黎圣母院、富丽堂皇的卢浮宫、象征巴黎魂灵的凯旋门一起驰名世界。如今，曾令我魂牵梦萦的香榭丽舍大街终于扑面而来，目睹那宽敞如砥的大街，那如彩河般喧嚣的车流，那行色匆匆的肤色各异的行人，那绿叶婆娑的蓊郁街树……一个漂亮的比喻油然而生：如果说，埃菲尔铁塔、巴黎圣母院、卢浮宫、凯旋门是巴黎一颗颗璀璨夺目的明珠的话，那香榭丽舍大街就像一条典雅华贵的玉带，将这一颗颗珍珠串联起来，镶嵌在巴黎的腰际，又如婀娜多姿的美丽少女，摇曳出荡人心魄的诗情画意来。

凯旋门

“香榭丽舍”在法文中是“田园乐土”的意思。大街被一个交叉路口分为风格迥异的两段。东段街两侧绿树成荫，一排梧桐树苍翠欲滴，草坪、花坛散布其中。一派田园风光，是闹市中难得的一片幽静乐土，使人有“久在樊笼里，复得返自然”的诗境。西段街原是贵族住宅区，现已成为繁华的商业区，大银行、大公司都在此占有一席之地。各种时装店、电影院、餐厅、咖啡馆、夜总会等应有尽有。这儿是冒险家的乐园、富人的天堂，只要你有钱，成千上万的美金、法郎可在瞬间花掉。晚上这里又成了巴黎时装的大展台，整条街被包围在灯红酒绿、珠光宝气的氛围中，与那些浪迹街头的“流浪音乐家”、“街头画家”、“跣足光头”、击鼓而行的洋和尚们形成了巴黎的一个独特景观。

巴黎新区

漫步在香榭丽舍大街上，我感慨不已，我想起临出国前，一个老总朋友说要在成都建一条步行街，准备到巴黎考察，其中一个重要参观景点就是香榭丽舍大道。但运气不佳，他几次签证未果，至今只能望洋兴叹。我觉得我运气好，但也差一点未能拿到签证。如今，我张开双臂，在凯旋门前，面对五彩般的河流和绿荫匝地的宽敞大街，请陈小姐给我留了一个影。

“100 年前，这条路非常窄小，两边的楼房也是终年不进阳光，当时的拿破仑三世决定拆掉老区，将道路拓宽，楼房新建，最高不过 6 层。拿破仑三世请来了著名的建筑设计师，并要求按他的设想改造巴黎城建设施，建了阿尔大市场，植造了布洛涅林苑和万塞纳林苑，建起了巴黎歌剧院，并改造了所有主要街道。如今，香榭丽舍大街成了世界第三条最昂贵的大街（另两条是纽约曼哈顿五十七大道、香港铜锣湾）。这里的咖啡，每杯要 35 法郎，其他店里的咖啡只需 15 法郎。”导游林小姐的话仿佛一下给我们掀开了 100 年前巴黎尘封的画面：一条条宽阔的大路在拓展、延伸，一株株梧桐、栗树在栽植、培土，一栋栋楼房在比肩而立……

凝望着街两旁那一栋栋灰白色的百年老建筑，那造型的精湛、设计的高雅、雕镂的精美都堪称建筑史上的奇观。百年建筑，风采依然。

据说，法国的楼房比伦敦的楼房要亮色得多，原因是法国建房时就地取砖石，其砖石大都为灰白色，而英国伦敦的砖石则显得灰黑，给整个城市蒙上了一层灰蒙蒙的色彩。巴黎的天空则一片明朗，其明亮的建筑无疑也给城市增添了一缕亮色。

“大街的东端有协和广场，又名路易十五广场。当年，路易十六和玛丽安东尼皇后曾被大革命时期暴怒的人群送上了断头台。还有波旁宫，是国王路易十四的女儿波旁公爵夫人王府的住所，迄今已跨过 200 多个春秋，但现在是法国最高立法机构的所在地，被看做是法国法律的象征。与波旁宫遥遥相对的是气势宏大、壮丽华美的卢浮宫，也是世界最大的艺术博物馆。这里面收藏了许多传世的艺术精品，包括达·芬奇的《蒙娜丽莎》等。”导游继续介绍道，并引领我们向凯旋门走去。“我们站立的这条街是西街，往前走 100 米，就是巴黎最负盛名的凯旋门”。

当我们伫立于戴高乐广场的中央，被凯旋门那宏伟壮观的建筑、精湛的巨幅浮雕和深邃的历史寓意所震撼。凯旋门高 50 米，宽 45 米，它是拿破仑为纪念 1805 年在奥斯特利茨战役中击溃奥

巴黎街头书刊亭

俄联军的功绩，于1806年下令兴建的，整整耗时30年。

“这幅浮雕最著名，也最精美。”导游指着面向香榭丽舍大街一面右下侧的那幅浮雕说：“你们可能都知道《马塞曲》，这上面就描绘了1792年义勇军出征时的情景，并取名为‘马塞曲’浮雕。而拿破仑大捷庆祝仪式的场面则被刻在这幅浮雕上方的其他位置，在顶端的盾形饰物上刻有每场战役的名称。但遗憾的是，拿破仑本人没能看到凯旋门落成，他于1821年病死在流放地圣勒拿岛上。”

但让我们感到新奇的是凯旋门拱门中央于1920年建造的“无名战士墓”。墓里埋葬着第一次世界大战中牺牲的无名烈士。墓碑横卧在地上，导游给我们翻译了碑上的铭文：“这里安息着为国捐躯的法国军人。”当我们走进拱门内，只见西侧密密麻麻刻满了人名。这里共刻有558位将军的名字，他们都是指挥法国历史上重大战役的将军，其中一些人的名字下面画着线，那是因为这些人都是在战场上阵亡的。

“在法国，人死后能在凯旋门举行葬礼是最高礼遇，历史上只有两人——拿破仑和法国大文豪雨果。”

站在凯旋门前，遥想拿破仑金戈铁马的峥嵘岁月，那种历史的硝烟与英雄无奈的浩叹随思绪而缥缈，伴星辰而无际。

当晚，我和香港陈小姐再次来到香榭丽舍大道，一睹奇美奇妙的夜景。只见街两旁那闪烁的灯光，簇拥着星星点点的车灯，像天上的银河流向宛如宫殿般辉煌的凯旋门。这使我想起了郭沫若《天街》一诗：“地上的灯亮了，那是天街；天上的灯亮了，那是地上。”星星和街灯融为一体，银河和灯河汇在一起，组成了蔚为壮观的香榭丽舍街之夜。正像一位法国历史学家所说的：“人们面对巴黎，正像诗人面对巧夺天工的艺术品一样，情不自禁地发出赞美。”

记者手记

香榭丽舍大街是巴黎风姿绰约、浪漫多情、富贵高雅的一个缩影，这里有典雅宏伟、气势浩大的卢浮宫、波旁宫、凯旋门，有富得流油的欧洲名牌公司如雷诺、雪铁龙、奔驰车的展销厅和索尼、精工等日本名牌产品展销店，还有被列为国家文物保护名胜的、享有盛誉的富凯咖啡店（曾接待过英国首相丘吉尔、美国总统艾森豪威尔、法国元帅勒克莱尔等）。

漫步街头，那一座座名胜古迹，那一处处锦绿花红的风景，那一群群华贵时髦的人流，会令你眼花缭乱。你会感到你正在和一群高雅的文化学者交流，和显赫的政界要人对话，这使我想起当年在纽约曼哈顿四十二街漫步的情景，面对两旁的摩天大厦，面对迎面而来的西装革履的阔佬、富姐们，面对联合国大厦那猎猎飘动的万国旗，其心境何其相似乃尔。

即使如此，我也始终保持着一种心态：我是中国人。我以一个中国记者的挑剔眼光来打量香榭丽舍大街，希冀能从中找到一点什么，来证明她绝不是一块完美得没有一点瑕疵的珠玉。

迎面而来的流浪音乐家、衣衫褴褛的光头乞讨者……总会撞上一些令我心跳的镜头。

我在寻找，寻找“天庭”之外的一点感觉。

“巨大石头的交响乐”——巴黎圣母院

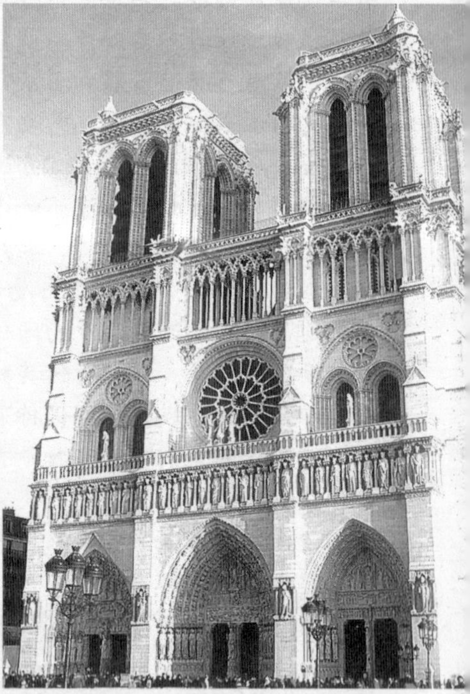

巴黎圣母院

我们快 5 点时才赶到巴黎圣母院。这是一座由石头建筑成的哥特式教堂。多年来，它一直令我心驰神往。早在 1997 年，我在加拿大参观安德鲁大教堂时，就得知世界最著名的三大教堂是意大利梵蒂冈的圣彼得大教堂、伦敦的圣保罗大教堂和法国的巴黎圣母院。如今，当心仪已久的巴黎圣母院突然真实地显现在我面前时，那种惊喜实在是难以言喻。

巴黎圣母院位于法国巴黎市中心塞纳河中的“西岱”岛上，是世界驰名的天主教堂，也是巴黎最具盛名的古代胜迹之一。可以说，法国巴黎的每一寸土地都是以岛上的巴黎圣母院为起点而发展起来的。不然，巴黎圣母院大门前的广场地面上何以有法国各条主要公路零千米起点的标记？圣母院始建于 1163 年，是由大主教莫里斯·德綮利发起兴建的。工程历时近 200 年，直到 1345 年才全部建成。此后，由于屡经天灾人祸和战争的破坏，圣母院已破败不堪。到了19世纪，著名建筑师勒丢克又在上面建了一个高约106米的尖塔，并重新进行了修复，才显现出了今日之风姿。

圣母院的正外立面风格独特、结构严谨，看上去十分雄伟庄严。它被壁柱纵向分隔为三大块，三条装饰带又将它横向划分为三部分，最下面有三个内凹的门洞。门洞上方是一排所谓的“国王廊”塑像，它们分别代表以色列和犹太国历代国王的二十八尊塑像，每一尊塑像，表情各异、栩栩如生。据说，大革命时期，巴黎人民曾把这些雕像误认作他们切齿痛恨的法国国王的形象而将它们捣毁。但到后来，又将雕像重新修复并放回原位。“长廊”上面为圣母院的中央部分，两侧为两个巨大的石质中棂窗页，中间一个玫瑰花形的大圆窗，却巧妙地刻着四尊雕像，中间为圣母、圣婴，两侧站立的是亚当和夏娃。上层是一排细长的雕花拱形石柱，中间一排空心石柱可直视蓝天，左右两侧顶上则建有两座塔式建筑。在那些石栏杆上，雕塑着一个由众多神魔、精灵组成的虚幻世界，这些怪物面目神情怪异而冷峻，俯视着脚下迷蒙的城市；还有一些精灵如鸟状但又带着奇怪的翅膀，或如面貌怪诞离异的野兽，出现在教堂顶端的各个角落里。它们或在尖顶后面，或在栏杆边缘，若隐若现。它们

在巴黎圣母院前留影

这些石雕的小精灵们仿佛几百年来一直就这样静静地蹲在这里，思索它们脚下那群巴黎城里的人们的命运。

圣母院正面的三扇大门，左为“圣母门”，中柱上雕有圣母、圣婴像；右为“圣安娜门”（圣安娜是圣母的母亲），中柱上有5世纪时巴黎主教圣马塞尔的塑像；中门表现了“最后审判”，中柱上是天主耶稣在“世界末日”宣判每个人的命运。一边是灵魂得救，升入天堂；一边是千古罪人，被打入地狱。这里还有法王菲利普二世等29位君主的雕像，刀法精细、做工不凡。

走进大教堂，我们不得不为它的宏伟气势所震惊。祭坛、回廊、墙壁、窗户均有绘画和彩色玻璃装饰，颇为精美。主殿四周，连拱廊上方是一带双层窗户的走廊，在它之上是大窗页。透过这些窗子，一束束阳光宁静地射进堂内，给人以庄严华丽、幽深肃穆之感。更使人称奇的是，位于大厅南侧的一扇巨大的玫瑰花形圆窗，其色彩之绚烂，玻璃镶嵌之细密，俨然一颗璀璨的星星在熠熠闪烁。

这座长130米，宽50米，高35米，能容纳9 000多人的大教堂里，《圣母玛丽亚》之歌正在低低萦回，那是由600多根音管组成的管风琴发出来的优美旋律，音色浑厚响亮。上千名信徒正静静地肃立在大厅内，接受主的洗礼。

目睹那一个个彩色的回廊和一扇扇斑斓的窗页，聆听着一曲曲优美的诵经之歌，由雨果的小说《巴黎圣母院》改编的同名电影里的画面倏然展现在我的眼前：丑陋善良的撞钟怪人卡西莫多攀上廊柱敲响钟时的“当当”声音，犹在耳边萦响；美丽多情的吉卜塞女郎艾丝米拉达在人们的欢呼和簇拥中翩翩起舞的身姿，仍历历在目……是巴黎圣母院激发了雨果的创作灵感，才诞生了这部伟大的作品，又是这部作品使巴黎圣母院蜚声世界，流芳千古。其作品和圣母院可谓珠联璧合，相得益彰，双双成了世间的不朽杰作。

几百年来，巴黎圣母院一直是法国宗教、政治和民众生活中重大事件和典礼仪式的发生地，因此有人将其看做一部“历史教科书”。如“太阳王”路易十四和拿破仑均在此教堂加冕称帝；1945 年，巴黎市民在这里庆祝第二次世界大战的胜利；1970 年和 1974 年在此为已故的戴高乐将军和蓬皮杜总统举行了追思弥撒等。可见，法兰西历史进程中许多重要事件几乎都与巴黎圣母院息息相关。

大厅里诵经声还在缭绕不绝，那些虔诚的信徒依然在默默祈祷。我们告别大厅，出来时已是薄暮时分。回首凝望，沐浴在夕辉下的圣母院，正如雨果形容为“巨大石头的交响乐”一样，在继续演奏着那一曲曲恢弘无比、深刻幽渺的“圣母”之歌……

记者手记

被雨果喻为“巨大石头的交响乐”的巴黎圣母院是一座典型的石头建筑，它的屋顶、塔楼、扶臂等所有顶端都是用尖塔作为结束，指向苍穹。大大小小的尖塔好像是争先恐后地往上钻入云霄，给人一种热烈的、生气勃勃的感觉。

“石头”是无灵性的，或无生命的，但是这座“石头”却充满了生机，其旺盛的生命从 12 世纪延续至今。因为它是欧洲建筑史上一个划时代的标志。

即使从后殿望去，它的建筑也别具一格，它不但是整组建筑的一个终端，而且它本身还创造了一种影响到结构每部位的动感，从高低脚拱到肋状构架，都体现了这种动感，好像一组优美的圆舞曲，融入“巨大石头的交响乐”中。

走近巴黎圣母院，就像是走近了一座盛大的交响乐团。离开了巴黎圣母院，那恢弘的“交响乐”旋律仍在耳边缭绕……

难忘“交响乐”，难忘圣母院！

万宝之宫
——卢浮宫

深秋的阳光，像千万把碎金泼洒在卢浮宫方形庭院里，使气势宏伟的柱廊和大钟楼也染上了一层淡淡的金黄色。而庭院中央，那由贝聿铭先生设计的三座透明的玻璃金字塔更加美轮美奂，璀璨无比。卢浮宫既是一件伟大的艺术杰作，也是法国近千年来历史的见证。这里曾居住过查理五世、弗朗索瓦一世、亨利二世、亨利四世、路易十三、路易十四、拿破仑一世、拿破仑三世等 50 名法国国王和王后，还有许多著名艺术家在这里生活过。

卢浮宫位于巴黎市中心的塞纳河北岸。它的整体建筑呈“U”形。整个卢浮宫占地面积为 24 公顷，建筑物占地面积为 4.8 公顷，全长 680 米，是欧洲最大的宫殿建筑群之一，与圣彼得堡博物馆、梵蒂冈博物馆并称为世界三大博物馆，是举世闻名的艺术殿堂和“万宝”之宫。

卢浮宫不仅以它精湛的建筑艺术而闻名，更以它收藏国内外重要的艺术珍品而著称。从 16 世纪初，弗朗索瓦一世开始收藏各种艺术品，到拿破仑一世称雄欧洲，将几千吨艺术品从被其征服的国家运到巴黎，搬进卢浮宫。其艺术珍品数量已达 40 多万件，并按门类品种分为六部分：古希腊、古罗马艺术，古代东方艺术，古代埃及艺术，中世纪文艺复兴和现代雕塑艺术，绘画艺术和装饰艺术。

我们随长龙似的人群走进金字塔，也走进了这座具有旷世魅力的艺术宫殿。

卢浮宫中最负盛名的藏品要数具有“镇库之宝”美称的《米罗的维纳斯》雕像、《萨莫特拉斯胜利女神》雕像和达·芬奇的《蒙娜丽莎》。

在卢浮宫的最底层里，我们见到了使世人倾倒的世界稀世珍品《米罗的维纳斯》雕像。这尊高2.04米的雕像是1820年被一位农人在希腊米罗岛的一个山洞里发现的，是年被法国公使馆的秘书买去献给路易十八，1821年收藏于卢浮宫。《米罗的维纳斯》所表现的是古希腊神话传说中爱与美的女神阿佛洛狄忒，维纳斯是她的罗马名称。有史学家称，它是普拉克西特的一件原件。就像这位大雕刻家的其他作品一样，这尊维纳斯像看上去也微微有些倾斜，显出仿佛正倚靠着什么想象中的支撑物似的，这种处理方法使雕像增加了曲线美和优雅的动感美。雕像神态优美动人，雕刻技艺精湛无比，至今谁也无法复原其断去的双臂，给人以无限的遐想。

另一幅《萨莫特拉斯的胜利女神》雕像，也堪称稀世珍品。这是一尊无头无臂的雕像，距今已有2 000多年的历史。她是公元前3世纪雕刻家为了纪念一位将军战胜敌人而作。1863年在萨莫特拉斯岛上发现的。胜利女神高达2米，昂然挺立在船头上，引导战士们夺取胜利。海面上，狂风怒吼，吹打着她单薄的衣衫，将衣衫紧紧地贴在女神的肉体上，极其生动地表现了那种意欲乘风而去的动人风姿，体现出极其精湛的艺术造型技巧。当年人们在岛上庙宇里发现这尊雕像时，已是残损不全，共由118个残片组成。100年后，人们又在当地发现了这尊雕像的手。但手却无法还原，至今仍存放在她身后的玻璃柜里。

古希腊人认为女人最美的时候是生下小孩以后，35岁左右。这两尊女神像，腰部都较宽，丰腴可人，可以说是代表了古希腊的一种审美文化，一种抽象的残缺美。

其他雕塑如《古迪亚立像》，其造型质朴、充满了宗教气息。《波斯王弓箭手》姿态宁静而尊严，服饰华丽，构成了一曲歌颂波斯王伟大和权威的无声乐章。

第二部分和第三部分是古代东方艺术和古代埃及艺术，主要展出了公元前6世纪的波斯陶器艺术、穆斯林的金银镶嵌装饰工艺品、中国北魏时期浮雕及埃及古帝国、中帝国和最初朝代的朴素而富有生气的石碑、雕塑、浮雕，也有闻名世界的狮身人面像和木乃伊，还有各种陶器、铜器等精美的工艺品。

第四部分是欧洲中世纪、文艺复兴时期的雕塑，这个时期可以说是一个兴盛期。在这里可以看到着色髹金的木刻《基督受难头像》《十字架上的耶稣》《圣母与天使》，意大利的雕塑《圣母与孩童》，17世纪的《儿童时期的路易十四》，18世纪的名人像《伏尔泰》，19世纪的群雕《舞蹈》等。其中有一幅美丽的少女牧羊雕像，形态逼真，令人叫绝。据导游介绍，这幅雕塑叫《月亮神》，是1 800年前由罗马教皇送给路易十四的，因皇后善嫉妒，老吃醋，故各国使节都不敢送真人，只送雕像，以示敬意。

第五部分是中世纪、文艺复兴和现代艺术，在这里可以看到各个时期的象牙雕刻、珐琅制品、金银器皿、木雕、玉雕、陶瓷、首饰、钟表，以及中国和日本风格的青铜器和花瓶等。皇冠、桂冠、宝剑，宫廷奢华用具集中陈列在一层中间的阿波罗大厅里。在这里，有世界上最贵的无价之宝，英国女皇头上的一枚约140.65克拉的钻石，也有路易十五皇冠上的三枚钻石。

第六部分是绘画，应该说油画是卢浮宫最吸引人的艺术作品，也是整座艺术宫里最璀璨夺目之处。在长达422米的大长廊和各个大小侧厅里陈列着从14世纪到19世纪法国、意大利、比利时、西班牙、荷兰、德国和英国等各种流派的著名画家的丰富多彩的绘画作品。内容有反映宗教、神话、宫廷生活的，也有反映战争、劳动和群众生活场面的，如《弗郎索瓦一世肖像》《阿维尼雍的悲切》《农民家庭》《自由之神引导着人民》《狄安娜出浴图》《沐浴女》《拿破仑一世加冕礼》《梅杜萨之筏》《圣罗马诺之战》……

其中勒南的《农民家庭》在表现下层的百姓生活的作品中可称上乘之作。画面表现受苦农民家的七位成员，或持罐拎瓶沉思，或放下活计呆坐，表情中生活的愁绪溢满憔悴的双颊，无奈的苦衷在木然的双眸中透露……

在这幅作品中，画家比以往更少些诗意，而是怀着热爱和敏锐之情，捕捉到了房间里的每处细节，表现了他对这个淳朴世界里人们的同情。

另一幅热里柯的《梅杜萨之筏》，其丰富的表现手法也令人赞叹。画面以一个悲剧性的海难事件为题材，集中表现了少数人因抓住了一块救生木筏，在大洋里漫无目标地随波漂流时，突见远处海天尽头有一艘船只那一瞬间的情景。整幅画在布局上，其对角线上横七竖八地倒下几具尸体，人物脸部表情富有戏剧性和幻觉感。尤其精彩的是那位长者，他一手扶着一位刚刚死去的伙伴，沉浸在极度悲哀和绝望之中。其庄严和崇高的表现就如同希腊悲剧中角色的表现一样。

而卓越的绘画艺术大师达·芬奇的杰作《蒙娜丽莎》，更是光彩夺目，被世人誉为世界绘画的“明珠”。

当我们伫立在《蒙娜丽莎》油画前（油画被粘在一个厚三厘米的玻璃窗里），完全被这幅原画深邃的艺术魅力所折服，更为蒙娜丽莎那“神秘的、永恒的微笑”所震撼。这是文艺复兴鼎盛时期最卓越的肖像画之一，创作于1506年，高3尺，宽2尺。这幅画被法王法兰西斯一世用4 000金币买下，收藏于卢浮宫。

这幅画欧洲人多称“焦贡妲”（Gioconda）。画面描绘的是一位叫做蒙娜丽莎的佛罗伦萨青年淑女，此人在1495年嫁给了当地的显贵费朗切斯科·德尔·焦贡铎为妻，因此她就有了“焦贡妲”这个名字。达·芬奇对这幅画十分钟爱，因此他走到哪里都随身带着这幅画。最后，这幅画被法王法兰西斯一世用4 000金币买下，收藏于卢浮宫。此画一经绘成，便受到了人们热烈的欢迎，被大量地复制，蒙娜丽莎一下子成了文艺复兴时期人物肖像画的一个原型和样板。1911 年这幅画因一件意外事故而愈加闻名，因为当时它被人从卢浮宫的方厅中偷走。两年后，又在佛罗伦萨一家旅馆中被重新找回。

《蒙娜丽莎》最绝的点睛之笔就是那一层“神秘的、永恒的微笑”。据称，双角嘴唇微微开启在当时被人们视为女性典雅的标志。于是，蒙娜丽莎嘴角那种微笑的表情便成了一股弥漫在整幅画面的宁静、典雅的气质的集中体现。为了实现这一效果，达·芬奇采用了层次渲染的手法，也就是让人体的轮廓线条在光与影的不断相互作用下自行逐渐分化溶解，从而含蓄地表达了人物内心深处的微妙活动，使人产生丰富的联想，留下无穷的回味。这幅画代表了那个时代的乐观、自信以及端庄、典雅的新女性之美。

据称，达·芬奇一生总共只画了 21 幅画，只流传下来 13 幅，其中卢浮宫就展出了 5 幅。除了《蒙娜丽莎》外，其《岩间圣母》也堪称“神品”。

听导游介绍，达·芬奇是一位同性恋者，曾在米兰监狱里待了三个月，与同性恋男友关在一处。这幅画的女主角据说是一位刚刚生了孩子两个月的母亲，肚子微突，嘴角有一种神秘得近乎有一点难过的微笑，因为她一个七岁的女儿刚刚去世。10 年后，法国国王请达·芬奇到宫里画画。三年后，达·芬奇在巴黎逝世。

在最后一处展室里，我们看到了现代艺术展，不可否认，《米罗的维纳斯》雕像影响了一代又一代艺术家，使之在此后长达 1 000 多年的时间里，成了世界艺术长廊里的至圣瑰宝。在这个展室里，我们看到了现代艺术是如何融会贯通古典艺术并加以夸张地发扬光大——有不要头的维纳斯、有长颈鹿似的维纳斯、有扇体形的维纳斯、有用铁链锁住下半身的维纳斯、有切成两半的维纳斯、有剖成几大片像波浪似的维纳斯……抽象得令人瞠目结舌。而在墙上却展出 6 幅写实的现代青春少女图，抽象与写实，荒诞与华美，极其巧妙地展现在观众面前，令人啼笑皆非之余，有一种相映成趣之感。

卢浮宫，这座集世界文化艺术之精华的艺术宝库，每年都要吸引数百万世界游客前往参观。1994 年 10 月 6 日，中国国家主席江泽民也莅临了卢浮宫，并欣然在贵宾簿上留下墨宝：世界文明瑰宝，人类艺术结晶。

记 者 手 记

这里汇聚着人类历史上最精粹的艺术品。

这里可以领悟到艺术品最深刻的本质。

还得感谢一群巴黎市场的妇女，在 1789 年，当地政府想拆毁这座宫殿时，是她们集体走到凡尔赛向国王请愿，迫使王室重新返回巴黎。卢浮宫才得以保存下来。

画室中，有大量讴歌女性的作品，《蒙娜丽莎》《奥地利公主伊丽莎白肖像》《卡皮奥伯爵夫人》和《带珍珠的女人》等，甚至连《农民家庭》也是以女性为主题。

伟大的母爱，永远是艺术家们创作的永恒主题。

能从万斛珠海中拾得一枚扇贝，也算不枉下了一趟“珠”海。

巴黎的黄昏

深秋时节，巴黎的黄昏来得真早。下午 5 点前还是丽阳高照，四处一片金色的阳光，不过半小时，太阳退隐，阳光收敛，暮色垂临。那天蓝得简直令人称奇，像大海，像油画，更像法国男孩那一双透明的深蓝色的双眸，清朗极了，充满了迷人的神韵。

这黄昏使人想起施特劳斯的《蓝色的多瑙河》，像旋律一样美的蓝天，把整个巴黎衬托得美轮美奂。马路两旁的梧桐树上的叶子黄了，坠落地上，一蓬一蓬地铺在大道边。而依然在风中飘落的梧桐叶远看则像一个个可爱的小精灵在迎风舞蹈，像迷人的探戈，似温柔的华尔兹，又像刚劲有力的迪斯科。

站在地铁口，望着车站对面的阿拉伯小店里在火下缓缓转着圈的多纳烤碎肉，就觉得一个人像被大风突然吹起来的纸一样，刹那间重量不知去向，轻飘飘地滑向不可知的地方，尽管心中仍有一盏指路的灯。一种温暖、华美而浓稠的气息弥漫在空气里，那是被葡萄酒深深沁透的甜美香气浓郁得让人感到飘然的微醺，就像小时候趴在棉被中，呵护着冻僵的小手，如饥似渴地读着《邦斯舅舅》《包法利夫人》《红与黑》的中译本时，那颗对法兰西怦怦然向往的心。

当云压得很低，香榭丽舍大街上的黄昏一眨眼就到了。看到商店里的灯从发红渐渐变得明亮，反而有了一种温暖的意味。远处的礼拜堂像小时候看的童话故事里的那样，渐渐地在街角退了色，只剩下了幽幽暗暗的一缕缕影子。鸽子在身边踱来踱去，好像一些自由的如烟的心情在心里漫步。在广场喷泉边，看着卢浮宫被金红色的夕阳镀亮，魔法开始在起作用。

咖啡馆是法国最让人注意的所在。这些咖啡馆的墙上装饰着雷诺阿画的广场，还有凡·高的。那里人声鼎沸，客人们说着世界各地的语言，俨然一个小联合国。

这使我想起凡·高最后的天才油画《麦田群鸦》。

那一片麦田在夕阳辉映下更显金灿灿的，宛如巴黎黄昏中的夕阳的余晕。将半个天空涂染成一片绛紫色，让人想象上空自由而孤寂的美，多少人和事在那里风一样地轻扫而去，不由让人生起一丝怅意。

在著名的蒙马特高地的顶部，耸立着著名的圣心大教堂。它时刻守护着它脚下的城镇。圣心大教堂是罗马式建筑，建造于1876年。古色古香的大铜门上雕刻着最后的晚餐的图案，椭圆式的屋顶是登高眺望的第二高点，仅次于埃菲尔铁塔。

在山上，有一个磨坊用的木头风车，因为有许多无羁的印象派画家画过它而非常出名；山下也有一个磨坊用的木头风车很出名，因为那是巴黎有名的红灯区，给无羁的享乐者看一夜美丽的裸体舞女怎样大跳康康舞。黄昏降临时，这里更是五彩的霓虹灯闪闪烁烁，像美丽的一双双晶亮明眸，在打着无声的哑语，诱惑你走进红磨坊……

巴黎街头的卖画者

巴黎的街道上，行人开始稀少，可街头艺人却开始上街表演，有的将自己装扮成音乐盒上的芭蕾舞者，有的即兴拿起乐器就地演奏，更有些艺术家就在街头表演起默剧或是反讽舞蹈，整个巴黎市区，几乎都沉浸在艺术的细胞与气息中。即使是在地铁的车厢，可能也会有机会遇到一个表演手风琴的艺术家，向你诉说着离奇的故事。

塞纳河则静静地睡卧在巴黎宽广的胸膛上，那造型精美的亚历山大三世大桥，像一把竖琴横卧江心，和着缓缓流动的塞纳河水，演奏着克莱德曼的《秋日的私语》。而那一艘水晶之船，伴着莫扎特悠扬的小夜曲，极具浪漫地徜徉在塞纳河上。就像一只城市的眼睛，辐射着高耸的埃菲尔铁塔、老式的巴黎火车站、卢浮宫的外墙、小型的自由女神像等名胜，让人深切地感受到时光深邃。

这个城市太静，也太老。整个城市的建筑都是一色的灰白灰白的五六层楼房，建筑史长达 100 多年，也就是拿破仑三世时开始建造，经过一个世纪的洗礼，已开始从古老走向年轻。

曾以《思想者》蜚声世界的著名雕塑家罗丹使法国人为之骄傲，那遒劲的骨骼和弹力充沛的肌臂，可以与米开朗琪罗的《大卫》媲美。但巴尔扎克笔下的《高老头》其吝啬似乎又一度成了巴黎人不雅的代名词，但现今的巴黎人热情、大方、慷慨、豪爽，埃菲尔铁塔傲然而立的身姿，似乎在注视着这一切。

那矗立在香榭丽舍大道的风轮车，也在永无休止地辚辚转动，好像一只圆圆的足球，为 2000 年的世界杯足球赛书写着潇洒和成功。

在 2000 年 6 月巴黎上演的那一场世界杯足球赛，使古老的巴黎变得年轻、活泼、朝气横溢，即使是已临深秋的巴黎之夜，依然能感受到那“砰砰”触地的足球声，圆了一个城市多年未夙的足球梦。

巴黎的黄昏，使我想起大草原的黄昏，那蔚蓝的深邃苍穹，那无垠的茫茫草原，那一群群白色的、黑色的、棕色的马群……

草原的黄昏像一曲大气磅礴的歌。

南海上，我也看过一次海上黄昏，渐渐下沉的一轮夕阳，变幻多姿的七彩云际，墨蓝色的汹涌波涛，静静地远去的帆影，三两只翩飞的海鸥……大海的黄昏像一首韵味无穷的诗。

如今，面对巴黎的黄昏，我感到像一幅意境深远的画，兼容柯罗的《带珍珠的女人》和布歇的《狄安娜出浴图》，既有含蓄的美，又有一种充满青春活力的灵气。

这使我想起法国诗人雅克·普雷韦尔的《巴黎》一诗：

三根火柴一根一根地在夜里燃点
第一根火柴为了看看你整个脸
第二根火柴为了看看你的眼
最后一根为了看看你的嘴
为了回到黑暗把你搂在怀里时
这些我都想得起来

记者手记

不经意间发现的美，能给你一个惊喜。就像从万木草丛中，你发现了一条幽径；从干涸的沙地里，你发现了一口泉眼。在那一瞬间，你会得到最美的享受。

巴黎黄昏的美，也是在不经意间发现的。那是在参观完卢浮宫后，我们驱车缓缓行驶在香榭丽舍大道上，然后转向埃菲尔铁塔。我们下车，在塞纳河畔徜徉。正是暮云四合、夕阳西下时，巴黎的黄昏陡然变得令人称奇——那天、那水、那楼房、那白桥、那铁塔、那风车……一切都在绝美的画面中。

看似无心的发现，实是有心在观察。正是因为平时有心而成就了我的“无心”，才会使美的瞬间不至失之交臂。

巴黎的黄昏，便是在这种“无心”中怦然入怀。

巴黎的华人社区

法国巴黎有3个主要华人社区，一个是13区，也是巴黎最大的华人社区，另两个是3区和19区。近年来，从以上3个社区又陆续分离出了部分温州人，居住在11区。由于11区形不成气候，故人们仍习惯统称巴黎华人社区为3个区。全巴黎华人大约有20多万，其中13区人口最多。

我在巴黎采访时，曾抽晚饭后的一点时间与《上海环境》杂志的陈总一块去过13区。才6点钟，夜幕已降临，偌大两条街，灯火幽暗，行人稀少，大大小小商店几乎关门闭户，冷清得令人不可思议，这与美国纽约热闹繁华的唐人街相比，实在是有天壤之别之感。

走了好长一段路，我们才看见一家超市开着，里面也只有几个顾客。

“附近的店怎么这么早就关门了？”我讶异地问超市的一位男服务生。

“今天周六，休息。只有我们店和对面的中国城开着。”小伙子一口闽南普通话，二十七八的年纪，蛮精干的。

“听口音，你大概是福建人吧？不想回去了？”我和他搭讪起来。

“我是长乐人，来巴黎快四年了。虽然做工很辛苦，但能挣钱，准备再挣两年，打道回府。”

这时有客人提着食品袋，结完账缓缓走出来。“对不起。”小伙子礼貌地向我点点头，返身热情地去送客人走出超市大门。

我们不便再打扰他，便折回来，往街斜对面的中国城走去。

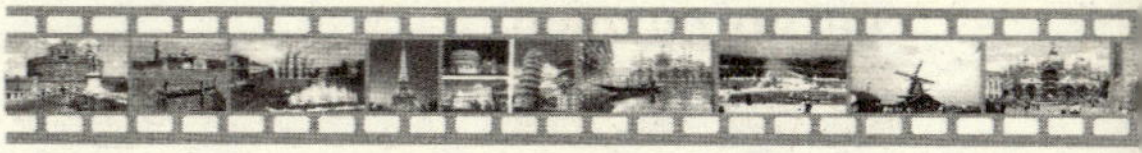

中国城是二层楼，楼下卖蔬菜、肉食品，楼上卖日用品、衣服和电器。我和陈总上去逛了逛，许多店都关着，只有一两家电器和日用品店开着，偌大商场仍空荡荡的。这中国城，咋这么冷清？

几天后，我抽暇只身一人再次来到13区。因是早上8点半，街上更是行人寥落，各大商店店门紧闭，只有一家咖啡馆和超市大门开着。直到10点左右，各商店大门才陆续打开。

我再次来到最大的中国城二楼的电器商场里，与店里一位年约二十四五岁的年轻人聊了起来。他告诉我，他是温州人，12岁随父移民来巴黎，已经12年了。全家开小店，生意还不错。不过，一提巴黎，他颇多感慨。他说，“巴黎很美，古典文化也很浓，但10多年来，巴黎几乎没咋发展，城很古老，古老得有点压抑。现代化发展太缓慢了！”

“中国内地不少人都羡慕你们到巴黎来的，干吗对巴黎还不满意？听说巴黎的社会福利也是世界一流的。”

“正因为社会福利太好，才阻碍了巴黎发展。比如我开店，每个月上交1万法郎营业税，政府还返还我6 000法郎，作为我的社会福利金。可你不上班，一分钱没给政府上交，只要你是巴黎正式公民，政府也会同样每月付你6 000法郎，作为你生活福利的开支。这种现象就养成了懒惰思想，干好干坏一个样，不思进取，也制约了巴黎发展。我身边就有好几个

来自中国的一位青年画家在巴黎蓬皮杜艺术展览中心广场以卖画为生

温州人，他们什么事也不做，光坐享其成！”末了，他又说，“现在中国发展很快，越来越强大，在某些制度方面跟美国差不多，如多劳多得。你做得越多，其回报率也越高，大大调动了人的积极性，也推动了中国的发展。我就很喜欢这种制度。等巴黎的事业发展到一定阶段，我准备回国去发展。”

这精明能干的温州小伙很有思想，对国内的现状也非常了解，看来，这小伙将来准能做大生意。

告别了温州小伙，我迈进了邻近的一家中文书店。里面两大排书柜赫然列满了中国的古典名著，什么《中华散文观止》《左传》《聊斋志异》《水浒传》《白话东周列国志》等。在这异域，在这陌生的土地上，中国悠久的古文化如茵茵绿草，正一蓬蓬植根在巴黎的蓝天下。

出了中国城后，我又在13区两条大街上慢步溜达，只见街道两旁挂满了用中文繁体字书写的店名，什么“华南食品快餐店”“国民酒楼”“巴黎超级市场”“中国城大酒楼”“华都酒家”“嘉丽金行”等，俨然回到了中国的某南乡小城。迎面走来的行人中，不时会听到熟悉的闽南话、粤语、上海话和地道的川话。

世界真大，但也很小、很小。中国人的足迹已遍及全世界的各个角落，融入世界经济潮流中，成了推进世界经济发展的一支重要力量。

“Je Suis Chinois（我是中国人）！”这也是居住在法国的中国人一句很时髦、很自豪的话。

因为，在他们身后，有一个正在日益强大的中国！

记 者 手 记

到巴黎华人社区去了两次，我感慨万千。其一是巴黎华人社区与巴黎融为了一体，巴黎悠闲的生活方式和极佳的社会福利也养成了华人社区人员的懒散；其二是居住在如此优裕的巴黎社区中，仍然有中国人在关注着祖国的变化，在渴望着有朝一日报效祖国。

血浓于水，炎黄子孙无论走向世界何方，都与黄土地紧紧相连。

这是绿叶对根的情感！

带你逛商场

巴黎，这座世界上最令人神往的购物天堂，更令女士们心向往之，尤其是女装和化妆品，女士们更为青睐。我还没出国，亲朋好友委托我购买物品的单子已开了一长串，其中最多的就是香水。

第一次到巴黎，采访完以后，翻译肖小姐主动问我们："你们不买点香水回去？法国香水可是世界知名品牌啊！"

"怎么不买，这么多商店，往哪去呀！"我不无怅意地回答道。

说真的，初到巴黎，面对商品琳琅满目，装潢考究的各类大小商店，真不知去哪儿购买。说不定买个假货什么的，大老远带回去，还不寒碜死人了！真有点"刘姥姥进大观园"，看得我眼花缭乱、六神无主了。

"在所有大城市，面包店和食品店开门非常早，晚上要到7点或8点左右才关门（在巴黎要更晚些）。它们在周日和公共假日的下午关门，每周有一天休息。其他商店在9点或10点开门，晚上在7点到8点之间关门。在外省，商店经常在下午1点到2点之间就关门了。它们通常从周二至周六（假日除外）营业。大超级商场通常营业到晚上9点或10点。巴黎是国际时尚大都市之一。名牌设计的专卖店集中在商业街区，如在蒙田大街上的伊考—圣罗兰，圣—奥诺雷区的爱马仕，古奇在玛德莱娜广场，在圣叙尔比斯区或塞弗勒—巴比伦区，在格勒奈尔、谢尔什—米迪和圣父区的范思哲等。"

肖小姐热情地向我们介绍道。她还告诉我们，巴黎的服装零售业有个独特的规矩，每年的夏季7月前后推出下一季秋冬新款式，冬季1月前后则推出春夏的新装。在每年的1月和7月分别会有一次全面的大减价（soldes），这是法国国家规定的统一让零售商清理库存的季节，如果碰上了大减价当然是购物的好机会。我们来的时候已是秋天，错过了大减价季节。

“我带你们到拉法耶特商场去，那是巴黎有名的大商场，货真价实，其价格低、中、高档都有。”肖小姐主动说道。

“bravo!（法文：好！妙!）”我高兴地用刚学的法语叫了起来。

说真的，在法国常常碰到不会英语的法国人。这跟法国是个“大围城”有关。法国人历来热爱法语，面对英语的“入侵”，巴黎希望通过法律来保护法语，不久，法国参议院已通过了一项有争议的议案，在法语周围筑起“防线”，制止英语词汇的大举“来犯”。所以，在法国使用英语的公共场所不多。有天傍晚，我和国际商报的张记者在宾馆附近的一家小商店买明信片，商店营业员是一位40多岁的中年妇女。我用英文和他讲话，她却用法语回答我，搞得我一头雾水。结果，拿起明信片和欧元跟她比画了半天，她才弄懂。如要进大商场购买更多的物品，要是也遇到一个拒讲英语的服务员，你真的会一筹莫展。

在拉法耶特商场，得益于肖小姐流利的翻译，我们很快购买了自己所需的物品。我买了两条领带和十几瓶圣罗兰香水和两瓶红葡萄酒。在购买香水时，遇见来自哈尔滨的两位中国人，他们也兴致勃勃地购买了几大捆香水。

“买这么多干吗？多难带呀！”我问他们。

“给朋友带的。这次算带得少了，因为还要转道到德国、奥地利。否则，还要多买点。”胃口真不小。我知道，中国人一到巴黎，带香水是首选，其次是葡萄酒。

听肖小姐介绍，我们购物的拉法耶特商场，也叫老佛爷，为巴黎三大著名的百货商店之一，并在北京开了分店。另两家是萨马黑黛娜和春天。

这三大百货商场分别位于巴黎第一区巴黎市中心卢浮宫东面和第九区歌剧院的北面，是巴黎人购物的集中商业区。第八区的香榭丽舍大街是世界闻名的巴黎购物象征大街。香榭丽舍大街东起协和广场，西至凯旋门广场，东半段是树林和绿地。我们常常在晚间从宾馆徜徉到此地，漫步浏览。香榭丽舍大街确实堪称巴黎的具有标志性的街道，街道宽阔，绿树环绕，两边的商店霓虹灯五颜六色，千姿百态，宛如一个个绚丽的宫殿。各种时装、各种肤色的人流熙熙攘攘，各色小汽车川流不息……许多人到这里来不是买东西，因为这里东西太昂贵，而更多的是来欣赏、观光这条闻名世界的商业大街。无论什么人，到巴黎必到香榭丽舍大街走走，买不买东西，反而显得不重要了。

在巴黎购物不仅商品应就尽有，还适应了不同阶层顾客的需求。在拉法耶特商场门口的货摊上，我就花了4欧元买了一件质地不错的印有“PARIS”字样的T恤衫。像巴黎经年不衰的海军蓝铜扣男西装，低的非名牌大降价时60欧元一件，而名牌一件则要600~700欧元不等。除了标签以外，不是专家很难看出太大的差别。在巴黎有一个“大地商店”，以其低廉的服装和日用品著称。许多经济状况不甚好的巴黎人和刚到法国的外国人都喜欢到此购物。一件T恤衫只卖3欧元，一条长筒袜才3.5欧元。“大地”在巴黎有三处地方：北部的巴尔贝斯、东北部的共和国广场、西南部的蒙巴纳斯。在巴黎，我还看到一些名字很有趣味的大型食品商店，如“一言价”商店、“不二价”商店、欧洲市场、“十字路口”等。这些商店既有比较便宜的食品，又有各种生活用品，很受当地市民的欢迎。

如要想买更便宜的货物还可直接到“工厂商店”。工厂商店可以说是企业销售其产品的“自然网络”，减少了许多中间环节，如批发、零售等，使其产品更便宜，一般售价都较零售价低30%~40%，属于工厂的一种直销方式。由于价格很便宜，也颇受消费者欢迎。

一个周末，我和《欧洲时报》的朋友专程开车到巴黎以南约30千米的维拉库莱市去观光。只见工厂中心门口停满了小车，密密麻麻，堪称一景。这个工厂中心营业面积达2.4万平方米(两层)，内有140家工厂商店，主要经营家用电器、化妆品、日用品、衣料服装、食品及小件生产资料等。花色品种不如其他商场多，由于是工厂的等外品或积压品，价格比零售要便宜30%～60%。为使顾客放心，每件商品上都有标签，标明原价及降价的原因，也标明厂家，以示负责。听该处一位员工讲，该“中心”员工就有500多人，每天顾客不息，一到周末更是爆棚，生意特好。这是一种“双赢”的效果，工厂获利，顾客受益。我们当然也不是白跑，既然来了，就要买点东西，采购了一些日用品和食品回去。

此外，还应提到弗纳克商店，这家商店经营法国出版的各类图书，并专营唱片、录音带、收录机、摄像机、照相机等各种娱乐用品，售价都比较低廉。它在巴黎有三个门市部。我到RENNES地铁站旁的一个门市部里去看了看，“内容”很丰富，尤以中青年顾客为主，尤其是唱片、录音带旁，更聚集着一些少男少女。大厅里播放的流行音乐很抒情、很悠扬，常令顾客驻足不去。

在法国买东西，光看价格是不够的。一般都要在价格的基础上另加收一定百分比的增值税(T.V.A)，一般为15.6%以上。如果价格中已包括了税收，则在价格旁注明T.T.C表示各种税收都算在价格里了。

2001年我第一次到法国，曾在肖小姐的带领下一次性购买了超过1 200法郎的服装、香水、首饰等。她告诉我，如果在正规商场购物总计超过1 200法郎，可持本人护照和发票在机场退税点获得10%的退税款。我在机场办理退税款时，见到刚从意大利辗转到巴黎回国的一批中国游客。他们在办理退税手续时，有相当一部分未能如愿。理由是不符合退税条件。

我也懵了，不是说超过 1 200 法郎即可退税，他们有的货款达 2 000 元以上，仍被拒绝。我纳闷地问送我到机场的肖小姐。她告诉我，在欧洲购物要享有退税，须符合 3 个条件：一是必须具有“免税”的标记；二是须索有“增值税”发票；三是一次性购物要达到一定的金额。比如，巴黎的免税商场要求一次性购物金额是 1 200 法郎以上。他们的退税之所以遭到拒绝，全是因为一次性购物金额没有达标，虽然购买了不少东西。事后想来，欧洲的免税政策并非是优待非欧盟国的旅游者，而是把非欧盟国游客当成一个特殊的消费群体，以免税为诱饵，让游客上钩，以达到他们推销商品的目的。总金额远远超过这些标准，但分散到“每次”，就与规定的标准有了距离。

尽管这是一个诱饵，仍有不少游客，为达到退税目的，将购买标准提高到 1 200 元法郎以上。

自欧元启动以后，其退税标准又提高到 182.94 欧元（合消费税价格），才有权享受 12%的退税金额。

潇潇洒洒游玩，轻轻松松购物，这或许是每一位旅游者最舒心、惬意的事了。到巴黎，要享受退税，可别忘了购物需具备的三个条件。

去年秋天，我再次应邀访法，在老佛爷商场购物，发现了一个具有经营创意的活动：为单身搭建鹊桥，购物觅友活动。同行的欧洲时报记者告诉我，法国的单身族有 600 万，占法国人口的近 1/10，仅浪漫之都的巴黎就有 90 万。由于法国社会单身族队伍如此之众，为了让双方直接见面，商场与雅虎网联手推出了这项活动。在商场的浪漫之夜，用紫色做套的购物筐是单身族的标志。凡有意参加活动的单身族可以领取，以筐为媒，以免同其他有家之主“鱼龙混杂”。提着小紫筐，表明了自己真诚的觅友意愿，自然会引起对方的特别注意和关照，从而为单身族寻觅到人生的春天提供了机遇。对商场来说，从几周以来的情况看，周四晚上 6 点半到 9 点，光顾商场的单身族盈门，客流量比平日猛增几倍，销售额也随之上升。可谓两全其美，皆大欢喜。

在商场里，我看到发放的筐里放着两块糖果和一张卡片，糖果象征着单身族今后的生活甜甜蜜蜜，而卡片填好姓名和联系电话投到专门的地方，可以参加当晚的抽奖，奖品为一台数码相机。不一会儿，小筐发放完毕，几个单身族簇拥在台前耐心等候，谈笑风生。服务人员向大家解释说，商场一共准备了八九十个筐，筐发完了只能等前一批人走后才能取回再发。

商场里，提着小紫筐的多为青年，但也不乏中老年人。他们一边兴致勃勃地选择商品，一边留心物品和结识新朋友。一旦遇上中意的，可以光明正大地凑上去搭讪交谈，并从小筐中打量对方的购物爱好和生活习惯。其实，现场“配对”的也有不少，有的则在货架边窃窃细语，可谓一见钟情。交谈投机者可到商场酒吧共饮咖啡或香槟。有相见恨晚之感的情人更可以在商场免费合影留念。

在商场竞争日趋激烈的今天，老佛爷的鹊桥活动在浪漫柔情中揽客促销，真可谓匠心独具。

记者手记

巴黎，一座人人神往的“时尚之都”。

巴黎，一座人人欲求的“购物天堂”。

香水、葡萄酒、时装……哪一样不令购物者心向往之？走进巴黎，就走进了一座巨大的时尚的超级大超市，令人眼花缭乱，目不暇接，美不胜收，不由你不把大把大把的欧元狠狠地砸在这些美妙的物品上。

“生命就该浪费在美妙的购物上。”在巴黎逛商场购物，真是一种美的享受！

到跳蚤市场去探宝

巴黎跳蚤市场历史悠久、五花八门、应有尽有，只要花很少的钱，即可买到许多有用的东西，包括家具、首饰、古董、衣服、日用品、工艺品等，可谓琳琅满目、一应俱全。跳蚤市场一般在双休日，即星期六和礼拜天开放，巴黎市区及近郊有大大小小 30 多个跳蚤市场，最著名、最大，也最古老的要数巴黎北部圣多昂的跳蚤市场，它已有 100 多年的历史了。

一个周六的早上，我和翻译肖小姐及《欧洲时报》的丁先生一起开车专程到圣多昂跳蚤市场去看看，实在是因为好奇，因为我不会去买什么旧货。

“跳蚤市场，它还有一个有趣的故事呢。”肖小姐不等我问她，便在车上颇有兴致地和我聊了起来。“1870 年普法战争前，巴黎约有 3 万名贫民要依靠拣垃圾为生。1884 年，普贝勒省长颁布命令禁止随地倾倒垃圾并设置了垃圾箱，那些拣垃圾的贫民被指定到圣多昂一个过去的练兵场去清理垃圾，并将拣出的有用的东西就地出售。1891 年后，这些拣垃圾的贫民渐渐把流动的摊位变成固定的市场。‘跳蚤市场’，这一名称在 20 世纪初风景明信片上就出现了，其含意有两种说法，一种说这类市场开始时是游移不定的人，像跳蚤一样蹦来跳去；还有一种说法是，当时在集市上买到的旧衣服往往带有跳蚤，便被人戏称为‘跳蚤市场’。”

“可得当心啊，不要买了有‘跳蚤’的旧货!”丁先生蛮严肃地对我说。“我单位有一位记者，上个月也是到一个旧货市场买了一件价格很低的西服，料子很好，做工也很精致，当时也没仔细看，买回去在镜子前试穿时，被妻子在西服后面发现一摊血迹，顿时气得连骂‘倒霉，倒霉’！赶紧把西服扔进垃圾筒里。”

说着，说着，车子便到了跳蚤市场，在一片空旷的露天营地里，老远就看到聚集了黑压压的一片人。这片市场面积不小，听肖小姐介绍，大约有4公顷地，有超过2 000家旧货跳蚤店，分成9个市场。人如潮水般推涌着，购物的、闲逛的、消遣的……吆喝声、叫卖声、讨价还价声……不绝于耳。

跳蚤市场最明显的特点是没有“门市”，都是摆地摊，或者是临时搭起的木板货架。出售的商品，种类很多：家用电器、古玩文物、书报杂志、音像制品、钟表家具……有的是厂家、商店积压的商品，也有的是用过一段时间的“二手货”，由于时过境迁，赶不上潮流，拿到这里转让。其中最多的要算服装、衣料，不但摊位集中，而且货源充足。一个个堆得像小山一般，有西服，有夹克，有短裙，有大衣，有牛仔裤……大字广告十分醒目，多少欧元一件，多少欧元几件，买得越多越划算。我们好奇地翻来翻去地看了又看，即使是穿过的、用过的，也都洗得干干净净，熨得平平展展。

“现在政府规定很严，凡是在这里上市的商品，都必须经过消毒处理；而且像肉、鱼、蛋等容易变质的食物，一概不得在跳蚤市场上出售。”肖小姐指着货摊上的旧货说，“不过，还是小心点好，总有疏漏，稍不慎，说不准就买到一件沾有‘跳蚤’的旧货。”末了，她又特别强调，“我来巴黎七八年，可是从不来买旧货的。”

尽管如此，看到这里的东西确是便宜，心里也痒痒的，那些看上去质地不错，样式也挺精致的风衣才3欧元，一套男西服也不过才10多欧元，可是我却不敢问津。这些旧衣服来路不明，谁知道什么人穿过，会不会有传染病？真有点望而却步！倒是那些日用品、工艺品引起我的兴趣。我见到一些家庭用品和餐具之类，绘上些古典的西洋画，精巧的设计很能反映法兰西艺术风味。一些旧唱片、旧画片和旧明信片也是很好的收藏品。一件巴黎圣母院的大理石雕刻吸引了我的目光，我一看价格才 2 欧元。我爱不释手地捧起来轻轻摩挲着。说实在的，雨果的“巴黎圣母院”给我留下的印象太深刻了，我毫不迟疑地买了下来，算是留作纪念。

“说不定这个雕刻出自哪位名家之手，你这雕刻就值钱啦!”丁先生拿过来仔细端详着说。

我以为他是调侃的话，没想到他竟认真地说：“前几年，我有一位远房表哥就在跳蚤市场花几十法郎买到一幅画，他只是看中那个精美的画框，不料那张画竟是一位名人的手迹，据估价要值十几万美元哩!”

“我哪有这般运气，这种好事可轮不到我。”

“没准，说不定在古董货摊上挑拣、挑拣，买一两件旧货，哪天云开日出，你可福光高照呢!”

说笑着，我们来到一卖旧乐器摊上，手风琴、小提琴、大提琴、黑管、铜管、长笛等横七竖八，罗列在地摊上。我以前曾拉过小提琴，对乐器蛮感兴趣。正在挑看时，没想到巧遇一重庆朋友，他是业余小提琴手，在我们那个器乐小圈子里，他的小提琴拉得最棒，中国的《梁祝》《新疆之春》，外国的《小夜曲》《匈牙利舞曲》都拉得挺优美，曾上台独奏，在电视台还放过他的独奏录像。交谈中，他告诉我，他妻子在巴黎大学攻读硕士学位，他到这里探亲。上周曾来过这个跳蚤市场，回去一宣传，把妻子也动员来了。原本闲逛，无意中花了不多的钱，买下一架音质很好、七八成新的小提琴。卖主是位年逾花甲的老琴手，和“琴”打了大半辈子交道，不想再拉了。

握别重庆朋友后，我们便走向停车场，驱车打道回府。平心而论，跳蚤市场的货物虽然有好有坏，总体讲还是很对消费者的“胃口”，不然，也不会这么兴旺。跳蚤市场的突出特点是小巧、灵活、简便，减少了商品流通的环节，大部分是供需直接见面，政府在税收等方面给予了许多优惠，价格随行就市，便宜实惠，所以富有一定生命力。这些年来，不但没有消失，反而在西方许多国家、地区，到处可见。1996年我在美国时，也曾到纽约的一些旧货市场去逛了逛，市场很小，且东西不多。没想到在巴黎见到这么大一个旧货市场，且生意特别兴隆。如今，这些旧货市场不但有了固定的场地、固定的时间和不少固定的摊位，而且像波兰等一些国家的跳蚤市场正在取代超级市场和专业商店，显得特别红火、繁荣。许多年未到美国纽约了，不知当年我去的那个小旧货市场，如今是不是早就变成大“跳蚤”市场了？

睹巴黎旧货大市场，思纽约旧货小市场，时空飞转，景物依旧，虽身处两个不同的国度，依然有一种缱绻的情怀，这或许也是我一定要大老远赶来看一看“跳蚤市场”的缘故了！

记者手记

小巧、灵活、简便，很对消费者的“胃口”。

价格随行就市，便宜实惠，是富有生命力的关键所在。

有人说，“跳蚤市场是淘旧货者和猎奇者的幸福园地”。

也许，一个随意的古董买卖，便发现了一段历史逸闻和一个经典故事，也无意成就了一个古玩家的梦。

在巴黎逛超市

到巴黎购物，除了大商场之外，超级市场往往是巴黎人必到的购物点。好像已成了一种习惯，每星期至少要开车去超级市场采购一次，买上足够一个礼拜用的食品，然后再开车回家，将食品分门别类地放进冰箱。

这既是一种生活的必需，也成了购物者的一种乐趣。

我在逛了几个大型超市后，感受到以下三大乐趣：

首先是视觉上的乐趣。每天在公司里工作，面对的是清一色的白色墙壁、棕色办公家具、老板严峻的面孔、同事呆板的表情；回到家，也是一样的房屋结构、一样的桌椅板凳、一样的窗帘床铺……没什么新鲜，也没什么好奇。枯燥、乏味、没劲，倒是超市那高低错落的柜台、花花绿绿的食品、色彩纷呈的包装……令人赏心悦目、心旷神怡。

其次是感观上的乐趣。在蔬菜柜里，你看到的是一片片绿色的蔬菜，使人想起绿油油的田野；在水果柜里，你看到的是各类水果，使人想起片片茂密的果树。春天的耕耘，秋天的丰硕，你都会在林林总总、五花八门的各类食品中感悟到。面对那像一座座小山似的各类食品、货物，你更深刻地感受到了巴黎的丰盈和富足。

最后就是心理上的乐趣。我与商场作了一个比较，以易拉罐啤酒为例，超级市场的一个易拉罐啤酒价格低于商场三至五倍，比酒吧、餐馆更要低十几倍。这种极大的价格差额，在顾客心理上就是极大的满足和愉悦，往往一车食品下来，要节约好几十欧元。

逛超市，实在令人在每周的疲劳工作过后，感到一种放松，一种身心的愉悦和快乐。当我看到一个母亲牵着一个小女孩在超市里买菜，那小女孩手捧一棵新鲜的大白菜，正小心翼翼地放进手推车里时，我感到这是一幅多么生动的母女同乐画。实际上，当我在关注这对母女俩时，同时也有好几双眼睛在注视着那个小女孩稚嫩且富有童趣的动作。这种画面在商场里是看不到的。

当然，人们逛超市，更多的是冲着这里的价格便宜来的，也因为超市商品更丰富，购物更自由、灵便。这种独具特色的购物超市已深深融入了巴黎人的生活中。我听一位巴黎朋友讲，他几乎每周必去两次超市，好像缺少一次，便有一种失落感似的。

“超市，成了你的情人?”我调侃道。

“真的，不知为什么，现在买东西，要让我不到超市买，几乎是不可能的。我与超市结下了不解之缘!”他如实告诉我。“我常常是带着夫人去，两个人推着小车边走边看，边看边商量，往往大半个小时下来，一车商品已装得满满的。”

我朋友的话，似乎代表了巴黎人喜欢逛超市的情结。

我每次到超市，都是顾客盈门，生意特好。听说，勒克列克是法国最大的超市，营业额居法国各商业企业营业额之首；戛富尔超市名列第二位，两者都比最大的百货公司——“春天”的营业额多一两倍。其他较著名的超级市场还有奥尚、欧洲市场、普利苏尼、潘兰达尼亚及摩诺普利等。这些超级市场大多有连锁商店，形成自己的一个巨大销售网，各个超级市场之间竞争也十分激烈，经常抛出有奖销售等方法来促销。不过，我在巴黎的时间不长，对超市尚未形成很深的情结。有几次逛超市的经历，就足以让人感受到在巴黎逛超市真是既实用、方便，又增添乐趣，何乐而不为呢!

记者手记

超市是女人最愿去的地方，就像是她的情人。

超市是女人最赏心悦目的地方，就像走进了一座后花园。

高低错落的柜台、花花绿绿的食品、色彩纷呈的包装……

想起油绿的田野，想起茂密的果林，想起春之耕耘、秋之收成……

因为有了丰盈和富足，“超市成了你的情人?”你的爱、你的情、你的梦寐，也一起走进了超市……

受宠的地铁

我刚到巴黎不久，听《欧洲时报》的朋友介绍，说巴黎的地铁在全世界都是有名的，且很宽大，有的高达三层。有一种说法，很形象地概括了巴黎地铁的容貌：地上一个巴黎，地下一个巴黎。如此形象的比喻，你尽可想象巴黎地铁有多么宽敞、多么阔大，又多么便利、顺畅。

我曾采访过巴黎地铁的经营者——巴黎独立运输公司，其负责人向我提供了有关巴黎地铁的一组数字：巴黎地铁全长 220 千米，15 条线路纵横交错，366 个车站遍布全城，其中 129 个换乘站是联结不同线路的枢纽，将 15 条线路相互沟通，组成一个统一的网络。另外还有郊区快速地铁线从市区穿过，并与市区内主要地铁站相连。这位负责人自豪地告诉我，从城区的任何一点到达地铁站都不超过 500 米。目前，公司全年运送旅客达 12 亿人次，平均每天约发出 5 000 次列车，高峰时有 570 辆地铁在巴黎地下同时运行。

这真是一个无往不达、密如蜘蛛网的地下世界。

我在巴黎期间，也曾几次乘坐地铁出游，切身体会到它的诱人之处：安全舒适、迅捷省时、中转方便、营运时间长、票价低廉且种类齐全。在地铁的每个入口处均有售票窗口。有些大的地铁沿线还装有自动售票机，人们投进硬币，票就自动出来，还可找回多余的钱。地铁票的种类至少有 7 种，可以适应各种乘客的需要，不仅有年票、月票、周票、单程票，而且有专为旅游者设计的 1 至 5 天的观光票、青年人的优惠票，每个人都可以根据所需选择。凭一张相当于不到两千米出租车费的地铁票便可以走遍巴黎，难怪出租车要受冷落了。普通地铁票是一种长方形的硬纸片，黄色，约有两张邮票大小，上面有磁性。记得一次应朋友之邀到巴黎一家餐馆进餐，在地铁站检票时，检票机中的红灯亮了起来，发出一种尖叫声，同时横杆立在前面，阻挡我过去，它表明我的票磁性已过，票已作废。我很诧异，因为这是一张月票，才用了几次，不会这么快就用完。尔后才猛然想起前天到巴黎一家医院参观核磁共振仪，可能使票的磁性消失了。不过，进入地铁站后，刚刚从检票机中取出的消去磁性的票还要暂时留存，以备检查。

巴黎地铁的营运时间较长，从早晨 5 点 30 分发头班车到凌晨 1 点 15 分收末班车，全天运行近 20 个小时，每班车间隔不过数分钟，最高峰时每一分半钟就有一列车通过，极大地方便了各类出行者。应当承认，巴黎地铁在上、下班的高峰时刻也是非常拥挤的，其程度不亚于北方的地铁与公共汽车。

在地铁里，我常常为那些一盆盆艳丽的鲜花而备受感染，仿佛一下从拥挤、嘈杂的人群中进入了一个植物王国。这种花卉小商店，在不少地铁站里都专门设有。此外还有烟酒、饮料、书报及其他小商品的小卖部，设置了公用电话和公共休息场所。大的车站还有食品店、服装店、鞋店、咖啡店、旅馆及文艺演出场地等，俨然一个小世界。汽车大厅内的各种指示牌、广告牌、壁画、浮雕等，更是五颜六色、缤纷光彩。

一次列车刚进站，我在车上突然望见站台上巴尔扎克巨大的身影，他昂首披发、睡衣垂地，似乎正在构思他的人间喜剧。紧接着，是另一位巨人肘膝托腮在沉思……哇！这不是罗丹的杰作吗？怎么搬到地铁下面来了？原来这一站就是罗丹博物馆，便于人们下车去拜访这位艺术大师。

为了纪念第二次世界大战，巴黎地铁站名中有以美国总统罗斯福命名的。这不出奇，使我惊讶的是以在前苏联都已销声匿迹的“斯大林”命名，在巴黎地铁中仍然保留着一站。经过斯大林站时，仿佛感受法国人民并非向某一个人而是向反抗法西斯的前苏联人民致敬。

巴黎地铁历史悠久，有些车站特意原封不动地保留了原来的风貌，看起来好像一座古董博物馆，而有的车站又充满未来气息，有如科幻世界，比如 la defence 地铁站。从这一站走上地面，矗立在你面前的就是全世界独一无二的夸张无比的“新凯旋门”。实际上这是一个可以容纳 5 000 人办公的大厦，它的独特之处就是这个可以把整个巴黎圣母院放进去的大门。有趣的是，新凯旋门正处在卢浮宫 — 香榭丽舍大街 — 协和广场 — 凯旋门这条中轴线上，居心叵测地与凯旋门遥遥相望，大有打破完美和谐的野心。

我在纽约时，也经常穿行在纽约的地铁间，觉得纽约的地铁像一位猛士。周身被五颜六色滥画瞎涂得体无完肤的纽约地铁列车，山呼海啸雷霆万钧滚滚而来，不免有莫名的恐惧。一次，我从法拉盛乘地铁到布鲁克林，时至深夜，偌大的车厢只有寥寥数人，突然地铁里传出巨大的嘶吼声，一阵蹬蹬蹬的跑步声从前面车厢传过来，听起来毛骨悚然，一位面目狰狞的高大黑人喝醉了酒踉踉跄跄地穿过车厢，兀然地坐在地铁的甲板上，脑袋耷拉着……那一刻，我真正地感到了惊骇！如今，我发现巴黎地铁就像一位纤纤少女，地铁列车短小轻巧，内外整洁、清爽、明朗，不时有吉他手上车为你引吭高歌一曲，讨你一两个小钱解你途中寂寞。那一刻，真有一种如沐春风之感，舒心、惬意。这些卖艺的“地铁音乐家”，我不时会遇到。他们有时两人一伙，一拉一唱；有时一个人，一边拉弹，一边唱。他们多利用地铁在两站之间运行的两三分钟，在车厢里表演。收钱后，就换另一节车厢或另一个列车。

我在纽约时，曾写过一部小说《纽约地铁的琴音》，介绍一个中国年轻的小提琴手在地铁八年如一日坚持拉琴致富的故事。后来他的事迹上了《纽约时报》的一版。没想到，我在巴黎地铁卢森堡车站里又遇到一个白发苍苍的中国老者在拉小提琴，这是我熟悉的贝多芬的《月光奏鸣曲》，声音优美、动听，吸引了不少游客驻足聆听，老者脚下的布包里已放了不少欧元。他的技巧和年龄满可以在音乐厅演奏或在音乐学院做教授，怎么会在地铁卖艺呢？他闭着眼全神贯注于音乐中，已沉浸在贝多芬的音乐王国里，哪会想到这里是地铁呢！

这是巴黎地铁美好的一面，当然，也有令人不快的一面，那就是地铁也常常成为歹徒的作案地点。近几年，巴黎地铁每年平均发案都在 300 起以上。至于小偷小摸，更是难以计数。有一次，我去卢浮宫时，车厢里已满载乘客，我立在门口，一位漂亮的金发女郎正好上车挤在我面前，她的一双大眼透着妩媚和一些神秘。由于乘客不断涌入，我自然地向后退去，却不料她却一步不松地紧逼上来，丰满的胸脯紧紧贴在我的前胸，我感到了她那一团软软的乳房。我好一阵紧张，手足无措。好在列车很快到站了，车上的乘客陆续离去，当列车启动时，我发现那金发女郎也突然不见了。正诧异间，旁边一位乘客用手示意我的口袋。我心一惊，用手往兜里一摸，糟了，皮包不见了。还好，里面只有 100 多欧元和一些票据。我怔住了！这么漂亮的法国女郎，竟然干出如此下贱的勾当，实在令人不可思议。这真有点亵渎卢浮宫中那一幅幅精美的少女油画了！

天堂中的天使与地铁中的“天使”，竟也有着霄壤之别。为了让巴黎地铁更美好，上帝啊，为什么你不能把她胸前多出的手变回背上的翅膀呢？

记 者 手 记

这是俨然不同的两个世界：“地上一个巴黎，地下一个巴黎。”

地面上的巴黎恢弘、豪华、繁复；地下的巴黎神奇、质朴、简约。一条纵横交错、密如蛛网的五线谱似的奇妙线路，每天都演奏出一曲曲华丽而轻盈的圆舞曲，使这座闻名遐迩的文化古城有了更多艺术的韵味。

难忘巴黎，难忘巴黎地铁！

法国争取做标准化国家

法方安排的两天旅游结束后，采访团进入了实质性的采访。在法方精心安排下，我们采访了近10家有关包装环保内容的中小企业。法方先进的科学技术和浓厚的环保意识，以及由回收废物所产生的巨大的社会效益和经济效益，令我们大开眼界。正如一位诗人所说：

保护环境是每个人的责任！

保护环境是从这里开始的！

法国包装学院院长、欧洲包装联合会执行主席宝戴先生

背景：一个纯学术性的研究机构，每年只招收3~5名学员。

我要说的是把包装与环保相联系，二者是相互依存，相互促进的。只有把包装做好了，才能更有利于环保工作的开展。

在世界范围内，目前包装方面总赢利为2万亿法郎。这2万亿法郎分为三大块，第一大块为机器材料的包装附件，诸如绳子、标签、包装等；第二大块为社会包装，如大机器的包装；第三大块为消费品、食品饮料品的包装。

在欧洲，从事包装的企业总共有2万个，主要是中小企业，工作人员只有60万，每个企业只有30个人员，规模很小，但每年的包装赢利则为5 500亿法郎。

欧洲联合会针对所有的欧洲国家，曾调查有几种类型的消费者，经过调查，发现最多类型的消费者往往是最善于保护环境的人。环境保护者占整个欧洲人口的1/3，这些人主要在欧洲的北部，如法国、荷兰、挪威、丹麦、瑞典等。这些人的环保意识很强，喜欢用的包装材料是纸和硬纸板。

在欧洲，按照环保重视程度可分为三种地区。第一种地区为北欧，北欧对环保很敏感，在北方人心目中，认为环保是一种必要的工作，有点迫不及待。第二种地区为中欧，中欧对环保采取鼓励措施，可以给你奖励，减少税收，如不讲环保则惩罚你，增加税收。第三种地区为南欧，南欧不太重视环保，只当话题，比谈金钱好一点，不存在奖赏和惩罚。

在欧洲总人口中有 34%是保护环境的，他们对包装的要求大致可分为四类：

第一类人包括保守派和进步派，各占 1/2。保守派喜欢使用一种包装，比如瓶子，反复使用十几次；进步派则使用轻、薄、耐用的新型材料。

巴黎新工业区一角

第二类人叫功能派。他们看包装是否有各种功能。包装有四个技术上的作用，即保存性、促销性、无害性和实用性。这类人特别追求销售方面的功能。

第三类人叫感觉派。在包装视觉之外最重要的是感觉，它的外表、它的美观、它是否有吸引力，包装外形是否新颖，追求一种感觉效力。

最后一类人叫纯粹派。他们最重视的是包装品的内容，不是包装品本身，内容比形式更重要，喜欢纸和纸板的包装。这类纯粹派人生活在岛上，都是英国人。

上面主要谈的是欧洲，下面我侧重讲讲法国。

法国包装品营业额约为1 200亿。1 200万吨包装品，每千克10法郎，这是法国的第八类工业，从营业额上来讲超过宇航行业。

全国大致1 500家企业，一共12万工作人员。

法国工业部负责调查技术革新，认为包装业是法国第五大工业革新行业。法国每年包装有200～250个新型产品，今年有251个报名的革新项目。

法国消费者是如何看待包装产品？为此，我们对上千人展开了调查。

被调查者认为，包装有9个优点，3个缺点，其优点是善保存、利运输、耐保护，还有第二类功能，外表美、实用、提供信息等。缺点是增加污染、空间大、价格增长等。

世界环境保护委员会认为，对地球最有危害的产品前几项公布中没有包装。包装对环保起了很大的作用，要使用最少的包装材料，以达到最有利的环保效果。因此，同一个袋子，同一个瓶子，与前几年比，它的重量减少了很多。从1980年至2000年，装酒瓶子的重量减少了28%，饮料瓶重量减少了80%，塑料膜减轻了75%，其技术特性跟20年前还是一致的。

一、包装将来有七个发展主题

1. 注重感觉，加强市场促销美观和吸引力。比如矿泉水是蓝色的，牛奶是白色的，酸奶是浅白色的，各种不同的颜色具有不同的象征性，其市场促销力量是很难估量的。

2. 包装将成为提供信息的媒体。在标签上提供条码，条码可提供给我们信息，告诉你产品来自何方，制造者是谁，从哪儿生产。设计电子微处理器放在标签中间，提供比条码更多的信息，可读到该产品是哪天生产、负责人姓名、运输时间、有无暴晒和雨淋的记录等。将酸奶和饮料放在冰箱里，这种包装可报警，提醒用户什么时间该用掉。法国已有两个示范企业，其技术居世界领先地位，成本由 1998 年的 7 美元降到 2001 年的 0.1 美元，每年生产 7 亿个微电器。

3．实用、安全，容易搬运，容易流通。

4．提高运输工作效率，降低运输成本，总价也会降下来。

5．促进大型销售及超市销售的能力。

6．优化成本。有 20%的产品由销售厂商生产和销售，法国称为销售品牌，占整个销售的 22%。因为他们购买了 1/4 的产品，在包装中就起了决策性作用。

7．环境保护，使包装产品对环境有最小的危害性。包装产品是人生产出来的，肯定会有害于自然。

1996 年起草的欧洲法令要求生产的产品必须达到欧洲法定标准，比如重金属含量不能超出多少等。如果含量低当然更好，制度出了标准就必须达到。

二、欧洲法令给包装和环保指明了三个方向

1．从生产的上游开始减少材料。包装材料越少，体积越轻越好。

2．要二次使用。比如瓶子，首先要轻，能多次使用。

3．要能增值，要通过处理废物回收，形成新的包装品或通过燃烧废垃圾，造成热量去供热、供暖。目前，法国每年每人有 400 千克垃圾，这 400 千克什么都包括了，其中一半是包装，大致每天每人 1 千克，也就是说每天每人产生 500 克垃圾（而美国每天每人产生 3 千克垃圾）。

对环境污染的治理和改进，法国不是最好的国家，最先进的国家是德国。其他国家认为，德国做得太严格、太过分了。而法国列于中等，落后于北方，比南方先进。因此，法国今后在环保包装方面，争取做标准化国家。

记 者 手 记

站在我们面前的这位宝戴先生，秃顶，戴一副金丝边眼镜，一袭灰呢子短大衣，包裹着他肥硕、矮小的身躯。他口若悬河，对法国包装业娓娓道来。

数字是枯燥的，但不乏说服力；例子是生动的，也颇令人首肯。而更令我们感兴趣的是由政府颁布法令来对环保加以监督执行，同时，又在法令之下有它的灵活性。

一方水土养一方人。每一个地区的人对环保有不同的感觉，其使命感也是不同的。正如路边的红绿灯管理也是这样的。在瑞士坐汽车，晚上行驶有红灯，至少要停两分钟，等绿灯亮后方可行驶。而德国、法国，红灯亮了，车仍慢慢往前行驶，见没人就往前开了。而在土耳其，红灯在路边是作装饰的，汽车照样通行无阻。

原则性与灵活性相融，这就是法国人的精明之处。

环保行为是一种自觉行为

法国环境保护包装公司报刊联络部长黛娜女士

背景：公司有150人，负责全国环保，还包括海外法国领土。

法国每年对垃圾的处理，是一项非常庞大的，由家庭、企业、政府三方共同组成的一种现代化管理工作，即使将一车垃圾运到垃圾场，40%运到焚烧厂，其回收力量都是不够的。目前面临的情况是，垃圾场已满了，今年再也不能运垃圾了。

因此，最好的方法是将其中一部分垃圾焚烧后化作化肥料或热量，另一种就是回收。但焚烧厂费用日益提高，以前每吨处理费500法郎，现在处理费要提高到每吨900法郎。

面对这种焚烧费用的价格猛增，更多地采用对废物包装品回收，要看到有1/3的垃圾是包装垃圾，重量占1/3，体积占1/3。

为了使地方政府减少垃圾带来的压力，这些产品投放市场后，该产品的企业应负相应的责任。因此，企业向政府建议，自己处理回收利用。环保公司是私有企业、地方政府和国家的混合体，国家与企业就包装达成协议，1992年制定

巴黎郊区一景

了，1993年开始执行。其法令规定，所有有关带包装产品的包装商应该为处理回收废品作出贡献。

法令强调指出，所有生产这些包装垃圾的生产商应对生产企业负责，制造污染的人要负责垃圾的处理和回收。进口商也要负责包装品的处理和回收。

法国是欧共体国家，1992年的欧共体法令，其他国家也在执行。法令指出：首先要减少包装的数量，其次要找到回收的途径。

法国环保包装公司依靠企业的资金，帮助政府完成垃圾的回收和处理工作，国家对公司明确下达指标，2001年开始对75%的包装垃圾进行增值处理。

我们公司不以赢利为目的，所有收到公司的钱，又分到各个地方政府机构。1995年，我们收了5亿法郎，今年翻了一番，原因是以前是1个法郎1个包装，现在改成了2个法郎1个包装，增大了成本。

公司成立前全国有20万人分拣垃圾，在法国的北部，两年就发展成了300万人分拣垃圾，去年年底达到2 600万人分拣垃圾，到2000年底，有3 700万人分拣垃圾。

法国总人口是6 000万人，也就是说每两个人中就有1个人分拣垃圾。

包装叫“二次革命”，比如焚烧产生热量，玻璃焚烧后产生新包装品，铝制品回收加工可制造窗架等。

我们现在已拥有1万个企业，大约有1/2的包装进行了回收。

全国现有79个回收中心，250个分拣中心，其回收吨位和处理吨位，都要经过国家政府的检查，有多少吨，发多少资金。我们的环保行为，完全无市场行为，是一种自觉的环保意识，但仍落后于德国。而美国就很自由，自行决定，有效益就做，完全市场化。

记 者 手 记

包装叫“二次革命”。对环保的责任感，从无意识到有意识，我以为也应叫二次革命。

惊人的数字：全国每两人中就有一人在分拣垃圾。这种自觉行为产生的力量是空前巨大的，而且完全无市场行为。

在法国北方的一座小城市里，市长专门组织了一次演出，其演出内容是感谢全市市民对垃圾工作的分拣，并对一位分拣垃圾的优秀市民给予奖励。

这是一种政府与市民达成的默契，是自觉行为催生出的理性之花。

为玻璃史谱写了新篇章

伊巴克玻璃回收公司总经理发涡盒奕先生

背景：伊巴克玻璃回收公司位于维土易市，隶属法国 BSN 公司的一个子公司。全公司近 500 人，每年回收 10 万吨玻璃，每年生产 7 亿个瓶子，去年营业额达 6 000 万法郎。

我们工厂已有 25 年历史。25 年前，我们一个月的生产能力只相当于今天 1 天的生产能力。

我们将回收的各类瓶子汇集到工厂，然后进行分拣。我们采取四种分拣方法，手工、磁选、旋选、激光。这四种方法缺一不可。我们先是用手工，将那些大的异物，如塑料袋、杂志、袋子等排除，然后用一种含铁金属的吸铁机器，将磁性异物排除。另一种是回旋似的机器，用吸力排除轻的杂质和非瓷器杂质，如小石块、陶瓷等。最后一道分拣方法是激光。激光可排除密度大、非透明杂质，其分拣技术有效率可达到 98%。

我们要求玻璃品每吨不能超过 9 克的杂质，在进行分拣时，我们的检测人员每两分钟就要进行检测，用电脑计数、分析、严格把关质量，凡不符合标准的玻璃，又要送回去重新分拣。

我们排除玻璃里的所有杂质后，才将它送到生产厂，在 1 600℃高温的大熔炉里进行熔化，然后形成一个个精美的玻璃瓶。

25 年前，我们回收后生产出的玻璃品，质量只有 7% ~ 8% 的合格率，现在已达到 100%合格。

但目前我们只能回收带颜色的瓶子，如蓝色、浅蓝色、灰白色等，纯透明的玻璃品不行，这是下一年的研发目标。

我们的工人每天三班轮流工作，全年 365 天天天上班。工人每天工作四小时，每人每月月薪 7 500 ~ 8 000 法郎。

我们每年生产 7 亿个瓶子，主要销往法国市场，有少部分出口。

我们为玻璃史谱写了新篇章。

记 者 手 记

当我们从巴黎乘火车来到维士易市，再驱车赶到满目青翠、一片新绿的郊野，步入占地 10 公顷的新型玻璃生产厂时，目力所及的是偌大一座工厂，看不到几个人影，全是现代化机器在有序地进行操作，唯一令人心动的是看到两名中年女工站在玻璃输送带前，双手戴着皮手套，挥动双臂分拣大型异物。现代化操作与原始分拣有机地融合在一起，形成了新的生产力。感叹之余，我们戏言：你们吃掉了法国的旧瓶子，又打算吃掉欧洲的旧瓶子，有无打算再吃掉亚洲的旧瓶子？

主人笑言：很看好中国市场，前景可观。有条件时想到中国去看看。

我们倒希望中国土地上那随处可见的旧玻璃瓶，应该由我们自己的机器早日把它吃掉，何需等到老外来吞并？

科学技术引发了包装二次革命

瑞巴克环保公司亚洲出口部经理机岳先生

背景：1960年成立的一家股份有限公司，总资本220万美金，以生产洗发香波、食品、消毒奶等软包装而闻名国内外，产品出口占全厂生产的97%，出口达151个国家。

我们公司成立40年了，以生产软包装而负有盛名。全公司共有75名工作人员，其中15人属管理层，10人负责开发，50人负责生产。

我们生产的软包装，以出口为主，占整个生产的97%，出口达151个国家，其中消毒奶包装在加拿大占60%，在法国占45%，在发展中国家占8%。印度是生产牛奶的第一大国，全国有3 500台牛奶消毒设备，我们就销售了2 000台设备，哥伦比亚销售了6台，阿根廷订购了50台。80年代到90年代初，我们向中国销售了70台设备，负责生产包装消毒牛奶、豆浆、果汁等。近一年来，更是发展迅猛，共向中国销售了20多台设备，其主要分布在黑龙江、内蒙古、四川、山东等地。1992年，我们在成都召开了一次技术讲座，共有400名工作人员参加，主要对生产软包装方面进行演讲。

我们出售这些设备，从最初的每小时生产1 200袋到今年生产的9 200袋，是目前世界上最先进的设备。这些生产出来的软包装品牢固耐用，人可站到上面，摔到地上也不易碎，而且不会带来污染。在垃圾堆里只占很小的一点空间，又轻又薄，一升装的袋子重量不足7克。印度的包装膜更薄，只有5克。符合欧共体的法令，从源头减量减容。

这些袋子回收后，可焚烧，无毒气、污染，提供热能，其热能要高于棕油的燃烧。

记者手记

一个仅仅75名工作人员的包装公司，其高效率的生产令人叹为观止。他们的足迹涉遍五大洲、四大洋，就连我们家门口，他们也是捷足先登。据说，他们的营业额已达几亿美金。“科学技术就是生产力”，这是一个颠扑不破的真理。谁拥有了先进的科学技术，谁就拥有了上帝——消费者。

我们从70年代末就开始呼唤“科学的春天”，当1999年迟暮的严冬过去，进入2000年新世纪的大门槛时，但愿科学的春天能早日来临。

这是国人的期待，也是历史的必然！

具体物象与抽象艺术的结晶体

佛安塞环保设计公司研发设计部经理卡撒姜先生

背景：以环保设计为主，每设计一种产品，均要考虑环保因素。他们主要为连锁店和超市做设计工作。

法国的环保设计经过了三个发展阶段。

第一阶段为1960年至1970年，当时各城市反对污染，尤其是水污染。要求各企业采取防范措施，并在出水处均放了过滤器。但70年代出了问题，水污染开始浸淫各城市。到80年代初，法国制定了法令，对处理水问题有了明文规定，基本堵住了水的污染。

第二阶段为1980年至1990年，地区性的环保工作全面展开，包括设置温室、臭氧防空洞的环保措施等，从环保的工艺方面重新设计定位，从而减少对大气层的污染。

第三阶段为1990年至2000年，这一阶段为环保设计完善阶段，即不要污染，从一开始设计就在考虑环保问题。当然，这只是我们的

雕像

一种努力方向，目前还很难达到。

环保设计起战略作用，要考虑环保因素，减少造价，达到促销效果，以及在法令的前提下进行一种完全革新的环保设计。如法国企业的产品要出口到挪威，就必须在包装上考虑环保因素。

我们最近为一家商场设计了一种包装品，这家商场位于法国中心，有300多家连锁店。我们在包装品上设计了6种图案贴在商标上，每种图案代表一种信息，使消费者一目了然。这6种图案分别代表：成分无害、产品回收、对环保无害、包装本身、绿色效果、提出建议。这种包装产品出来后，很受消费者的欢迎。

另外，如产品本身不合格，即使有再好的包装也无济于事，首先消费者要处罚他们，政府也要处罚他们，取消产品的等级标准。最怕的是市场份额大幅降低。

目前疯牛病算一个例子，有些牛吃了加一些肥料的动物饲料，造成环境污染，因而受到了严厉处罚。

记者手记

卢森堡公园墙上那一幅幅造型奇特、形式新颖、色彩明快的现代抽象派画作一一展出后，令无数游客趋前观赏。记者慕名前往，观后也叹赏不已。而面对卡撒姜先生用幻灯向我们展示出的一幅幅精美无瑕、形态活泼、图像逼真的设计图时，又令记者感慨莫名。

这是具体物象与抽象艺术的结晶体。

这是混合包装与绿色环保的再生物。

只有走进大自然，又从大自然中撷取了灵感的人，才能在一张张看似平淡，却又无不显示出神奇魅力的设计图上，领悟到大自然中那一丛丛、一蓬蓬清新的绿色来。

化腐朽为神奇的新经济神话

跨市家庭垃圾增值委员会负责人马梭德先生

背景：位于巴黎市郊区的一个垃圾处理工厂，是私营和国家的混合体，帮助政府处理一部分垃圾，每年处理 7 500 升的垃圾液体，每年产肥料 3 万吨。

我们这个垃圾处理厂是由国家、地方政府和企业三方集资建立起来的，总投资为 8.8 亿法郎。1997 年开业，所辖范围包括 106 个市，人口占了全巴黎的一半。

我们有一个垃圾处理中心，这个中心将本地区家庭居民的垃圾和工业垃圾收集到一起，然后运到垃圾场处理，我们用塑料布

塞纳河

把垃圾完全覆盖住，并将垃圾蒸发形成的沼气转化成电能。

我们还有一个分拣中心，分拣中心工作分两部分。一部分是可回收的垃圾，在三条线上进行处理。一条线是报纸和杂志；一条线是包装物；一条线是企业无毒无害的垃圾，如超市的纸箱、整块塑料膜等。

这些垃圾在现代自动机械的分拣下，分门别类，然后运给相关生产商。纸厂的回收几乎是100%。目前，我们的报纸用纸量占整个回收纸类的60%。现在使用二手纸的企业越来越多，分拣中心建立的也越来越多。我们工厂的分拣中心是法国前3名，在国内居领先地位。

另一部分不能回收的垃圾则倒在垃圾洞里，操作员用电动大铁铲铲起，放入炉内焚烧，每个炉可燃烧11万吨，两个炉燃烧22万吨，烟雾处理器性能非常好。燃烧后产生的灰粉，用电子过滤器回收过来。电子过滤器回收97%的灰粉，喷放热气，减少酸度。

剩下的炉渣当作建材放在地面上，含铁的卖给炼钢厂，非含铁部分卖给非含铁公司。仅炉渣，我们每吨可卖30法郎。热量产电销给电力公司，也可卖一个好价钱。

当然，我们不是以赢利为目的。我们的投资是收不回来的，只是每年略有盈余，能维持企业的生存和发展。去年一年的营业额为7 665万法郎，仅分拣中心就达730万法郎。

记者手记

当我们驱车一个多小时赶到工厂时，已细雨霏霏、暮色四合。好客的主人冲进雨中，将我们热情地接到温暖的公关厅。所谓公关厅即会客厅，从1997年开业以来已接待了30多个国家的代表团，共10万人的访问者。在会客簿上，我们看到了前不久上海一个参观团刚刚离去的记录。而同时，非洲的一个代表团也正在工厂里参观。

你不能不惊叹，这里正在创造着一个又一个奇迹。

垃圾可作沼气，经燃烧后产生热量，为城市供暖；又黑又脏的垃圾水，经处理后，变得清澈、洁净；一堆堆玻璃碎渣经分拣后送进高温火炉熔化，变成了各类精美的饮器；成捆成捆的废杂志、报纸送进纸厂，又成了一筒筒卷筒纸……

让垃圾成为绿色平台，上面植满了花草，迎风摇曳。

让垃圾最大限度地增值，化腐朽为神奇，创新经济神话。

跨市家庭垃圾增值委员会，一个成功的范例！

旅游胜地
——凡尔赛宫

2001年9月20日，我再次应法国科技新闻处邀请赴巴黎采访。到巴黎后主人照例安排一天旅游，到市内各景点走走。我第一次到巴黎，主人没有安排参观凡尔赛宫，这次总算如愿以偿，参观了气势磅礴的凡尔赛宫。

凡尔赛宫坐落在巴黎西南部，整个宫殿占地面积为110万平方米，其中建筑面积为11万平方米，园林面积为100万平方米，以其外观宏伟、壮观，内部陈设和装潢金碧辉煌、豪华奢靡而驰

美丽的凡尔赛宫后花园

凡尔赛宫后花园

名世界，是人类艺术宝库中的一颗绚丽灿烂的明珠。

凡尔赛宫最早是一个小小的林落，1624 年，路易十三在此建造了一座狩猎城堡。路易十四继位以后，于 1661 年开始大兴土木，始建凡尔赛宫。

听导游介绍，修建凡尔赛宫，还有一段曲折的历史逸事：1661 年，居住在陈旧的万塞娜宫和枫丹白露宫的路易十四应财政总监大臣富凯的邀请，去他新建的宫殿赴宴。富凯历任财政总监 8 年，贪污受贿、敲诈勒索了大量钱财，他将这笔钱用来装修自己的住宅，使之变成了一座富丽堂皇、前所未有的真正的宫殿。路易十四目睹此宫如此豪华，妒忌、怀疑油然而生。一个月后，路易十四派人逮捕了富凯并查抄了宫殿的全部设计图纸、文件及大批珍贵物品，同时命令修建富凯宫殿的设计师们为自己建

凡尔赛宫门前的赛马会

造一座更为雄伟、壮观、豪华、辉煌的宫殿。当年，富凯招罪身亡，凡尔赛宫破土动工，到了1689年，工程才全部竣工，前后历时共28年，动用了4万多名建筑人员。1682年，宫殿尚未竣工时，路易十四便将政府从巴黎迁到凡尔赛。从此，宫中晚宴、舞会、狩猎、郊游终日不断。到1789年凡尔赛宫100周年时，其奢靡已达登峰造极的地步。7月14日的法国大革命，迫使路易十六于1790年逃回巴黎。此后，凡尔赛宫便冷落起来，并数遭劫难。1837年，路易·菲利普才决定重修凡尔赛宫，并定为历史博物馆。

“我们先去看园林，后去看宫殿。”导游边说边领我们来到了园林。

园林很有气派，有两个巨型水池，沿池伫立着千姿百态的大小女神铜像。清清的赛纳河水由运河引来，数百个喷头同时喷水，形成遮天盖地的水雾，在阳光下展现的七色彩虹颇为壮观。目力所及，是望不见尽头的两行古树，俯瞰着绿色的草坪、绿色的湖水。各式花坛，错落有致，布局和谐。坛中花草的种植，更别具匠心，饶有情趣。

我们去时，正赶上一年一次的马会。后花园巨大的草坪上，伫立着十几匹来自西班牙、比利时、德国的高大、剽悍的骏马。其毛梳理得光滑油亮、整齐好看。马的主人也一个个打扮得富丽、考究，男的戴礼帽，着燕尾礼服，一副绅士打扮；女的一副贵妇人装束。五架马车，也装饰豪华、富贵。

“这些都是法国贵族人家的。不要以为在国外有名车才富，现在法国人问你家有什么，你说‘有马’，那才叫气派呢！名车也只是代步的工具而已，而马，尤其是名种马，那才算富家。须知，有马方才有工人，养马场，储备饲料。养一匹马的费用很昂贵呢！”导游侃侃而言。

“橐橐”，前面一架马车开始走动，随后，五架马车全部“橐橐橐橐”地绕着花园遛起步来。马会开始了。

而在另一处草坪上，一男一女各骑一匹高大的骏马，非常整齐地并辔而行，并随着音乐的节奏跳起了迪斯科舞步。其马也通人性呢，走起步子来也蛮有味道。

还未及看完马会，我们便走进了凡尔赛宫。凡尔赛宫装修豪华、奢靡，名不虚传，用语言难以描述。我们依次参观了用于宫廷晚宴和舞会的大套房，收藏路易十四纪念章的丰收厅，举行大型招待会的维纳斯厅，等候觐见皇帝的贵族厅，路易十四欣赏音乐的艺术厅等。

当我们来到镜厅时，导游特地加重了语气介绍道：“宫中最为著名的是‘镜厅’，也称镜廊。镜廊长 73 米，宽 10.5 米，高 12.3 米，为宫中一大名胜。大厅的拱形天花板上绘满了反映路易十

在凡尔赛宫前与赛马小姐合影

四最初18年征战功绩的彩色绘画。排列两旁的是8座罗马皇帝丰耳雕像、8座古代天神整耳雕像及24支光芒闪烁的火炬。最引人注目的，还是与长廊左侧面向花园而开的17扇巨大拱形窗门相对视的17面巨型镜子，这17面镜子，每面均由483块镜片组成。白天，人们可通过镜子观赏园中美景。夜晚，400支蜡烛的火焰一起跃入镜中，镜内镜外，烛光交相辉映，那才是凡尔赛宫的又一奇景。”导游介绍得激情飞扬，仿佛也把我们带入了那种如梦如幻的境界。

我再仰头细阅，发现天花板上那一组油画，其画风酣畅淋漓、气韵生动，展现出了一幅风起云涌的历史画面。再低头凝视镜子的反射，园中胜景栩栩如生：碧蓝的天空、如茵的芳草、葱茏的佳木，满目葱翠，赏心悦目。不可想象，当年皇室贵族和达官显贵过的是一种何等奢华的生活。

至于里面无以数计的稀世珍宝，包括中国17世纪稀有的景泰蓝花瓶、19世纪法国的陶瓷花瓶等更是琳琅满目，美不胜收。

值得一提的是，凡尔赛宫也是法国许多重大历史事件的见证者。1871年普法战争中，法国战败，德皇威廉一世在此举行加冕典礼，宣布成立德意志帝国。第一次世界大战结束后，德国成为战败国。法国人没有忘却47年前德国人强加给他们的耻辱，作为回报，指定在凡尔赛宫的镜厅签订了著名的《凡尔赛和约》。如今在镜厅的一角还保存当年签约时与会代表的一切用品，作为法国人引以为自豪的光荣纪念。

当我们步出凡尔赛宫时，已夕阳西下。回首仰望，凡尔赛宫在余晖斜射下，在宫外强大灯光的聚焦下，宛如一座美轮美奂的金殿，以其独具特色的建筑和宫中稀有的艺术珍品，成了世界各地游客流连忘返的旅游胜地。

记 者 手 记

凡尔赛宫金碧辉煌的建筑与后花园绚丽、灿烂的美景组成了一幅浩瀚而宏大的历史画面，从中可以看到历代法国君王的奢侈豪华和挥霍无度。

一个国王过度奢靡，必然导致国家的衰亡。德皇在此举行加冕典礼，便是一个明证。

留一处景观，给后人一点参照；留一段史话，给后人一个警示。

法国工业科学城掠影

巴黎东北部的维莱特（Vilette）有座工业科学城，建于1986年。200多年前，这里只是一个大型屠宰场，如今却成了欧洲最大的一个科学中心。

科学中心有两座主要建筑，一座是科学馆，另一座是全景电影放映厅，也称“晶球”。科学馆有7层楼，占地面积2.1万平方米，共设有20多个展馆，有地球馆、宇航馆、分子馆、机器人馆、汽车馆、电脑馆、医学馆、数学馆、能源馆、儿童科学馆等。参观门票每人110法郎，可参观科学馆和电影放映厅。

科学馆除了日常的图片展览外，每月还有两次专业展览。我们去的时候，恰逢头发展览，设在二楼的各种人体头发，有男的、女的、老的、少的，颜色五彩缤纷，发型千姿百态。旁边还有一个个头发烘干器。

“这种头发烘干器套在头上，既可欣赏音乐，又可烘干头发，是一种美的享受。”法国工业部的马小姐向我介绍道。

我蛮有兴趣地将立在展馆的头发烘干器套在头上，果然一阵优美的爵士音乐飘进耳朵，尔后又伴着一声声清亮的女声独唱。“法国人真会享受，连烘头发也要欣赏音乐。”我叹赏道。

展厅里有一间小屋，一群男女正排队等候头发变型。据介绍，小屋里有两位头发造型师，正在将两位女子的头发涂染成蓝红黄色。据说，这是目前法国少男少女最流行的发色。

在医学馆里，令我兴奋的是中国的气功和中医行医的巨幅照片也赫然罗列其中，一中年华人正在草坪上表演气功，周围是一群观看表演的少男少女。据称，法国人对中国气功非常感兴趣，每天早晨可见许多法国人在公园里练气功。

图片展里，还有太极拳表演的镜头，扎针灸、拔火罐和中医师号脉的图像。

“中国的针灸很灵呐，我有一次生病，躺在床上，打电话请来了一位中国医生。他上门给我扎针灸，当天病就好了。”马小姐面露喜色地指着扎针灸的图片说。“巴黎有很多中药店，我对中医蛮信的。”

这位精通中国语言的马小姐，曾在中国人民大学攻读中国语言两年，是一个地地道道的中国通。

有一张老中医号脉的图像，旁边用中文字详细写着这位中医诊断的过程，包括号脉，看手指血色，看舌苔，最后下诊断，开处方等。

中医在巴黎已独树一帜，成为当地百姓看病的一种治疗手段。中国的中医博大精深，正在逐步渗透到世界各个角落，成为世界医学的一个重要组成部分。

随后我们又去浏览了一下宇航馆、电脑馆、机器人馆……几乎每个展厅都异彩纷呈，独具特色，令我们大开眼界。

出了科学馆后，我们步入了闪闪发光的球状建筑，直径达36米的全景电影放映厅，也被称为“晶球”。

张贴在法国工业科学城医学馆内中国拔火罐治病的照片

晶球

形状是一个球形体，面积达 1 000 平方米的半圆形银幕。我们乘电梯上到电影厅，头上星光灿烂，宛然进入了星河之中。场内拥有近 400 人的坡形座位，越往后坐，坡斜度越大，视野也越辽阔。我们坐在最后一排。

电影叫《北极》，是加拿大拍的。详细介绍了北极形成的始末。画面美极了，有黧黑的渔民正在打鱼，有萋萋芳草，有艳艳野花，有绿色的山脉，有清澈的湖水，有数百只鹿正在河中酣畅游泳的场景，也有母鹿生下小鹿后用舌头亲吻小鹿的动人镜头……我们的座位随镜头在旋转，一会儿撞入天体爆炸的天空里，一会儿又置身于一片浩瀚蓝天中，加上特制的音响，好像是乘坐敞篷的宇宙飞船在观赏天空和大地，与茫茫宇宙融为一体……

维莱特工业科学城，巴黎美丽人文景观和自然景观后又一个独特的景点，它将为帮助人们了解最新的科学技术，增长和丰富知识提供源源不竭的科学养料。

记者手记

法国工业科学城，几乎浓缩了法国工业先进的科学技术，令人大开眼界，获益匪浅。

难得的是，中国的针灸和拔火罐，甚至气功也列入科学城，显示了中国的传统医学也得到了西方的首肯。

“具有民族的东西才是世界的东西。”这个亘古不变的哲理再次印证了中国医学无可匹敌的世界性。这是华夏民族的医学瑰宝，也是世界医学的一枝奇葩。

巴黎街上的不雅“景观”

我两次到巴黎，印象迥异。第一次到巴黎，只到巴黎市中心的著名景点走了走，未到其他区看看，故对巴黎的整体印象不错，尤其是对城市的环境治理感觉很好。

可第二次到巴黎，初次的美好印象大打折扣，表面上看似干净、整洁、美观的街道，其实潜藏着污秽，甚至有不堪入目的随处便溺现象，这对在世界上以美丽、文明著称的巴黎来说，实在有伤大雅，也亵渎了巴黎的美誉。

其一是，我随新来的朋友再次到埃菲尔铁塔参观，路经夏乐宫时，见夏乐宫中间搭起了一座木桥，从木桥上走下石梯，可径直走向埃菲尔铁塔。就在木桥上，各类旧报纸、废纸屑和可乐瓶随处可见，木桥两边的木板上也涂鸦着各种似牛非牛、似狗非狗的乱七八糟的东西。在埃菲尔铁塔脚下，几个垃圾桶没有盖子，垃圾塞得满满的，周边地上也扔满了各类纸屑和瓶子，一片狼藉，走近了，闻到一股股垃圾臭。而在不远处，一长队游人正饶有兴致地排队等候上塔顶参观。如此不雅的环境，使蜚声世界的埃菲尔铁塔顿然失色。

其二是，我和这位朋友到 3 区去遛了遛，一边观赏两边建筑，一边留意街上风景。3 区的建筑没什么特色，朋友便急，到一华人小店去打听厕所，却发现了又一怪现象。“这附近哪有厕所，随便在街上小便得了。”小店主人是个年轻小伙，听口音像是温州人。

“有这等事，可在街上随处便溺？”我惊异地问道。

“你出去走走看看就知道了，两边解小便的人多了，谁管？”

那小伙一本正经地说。

居然有这等事，这可是在巴黎呀！我和朋友疑惑地走出小店，沿街边寻找便溺处。果然，在一拐角处发现有一摊刚被人尿出的小便，正发出股股臭味。

“这众目睽睽的大街上，前无遮拦，后无建筑，居然能在此小便?”朋友一脸惊诧，摇摇头，往前走去。随后又发现了好几处有尿迹的地方。朋友一直不敢小便，只好忍着。

“你看，那不是有人在小便吗?”我见我们的左前方一街角处，有一老外正背着马路，旁若无人地在小便。

这巴黎也邪了，号称世界一流环保国家的大都市，环境如此恶劣，这实在有点名实不符。

“我看这环保也不咋样吧？说不准还不如北京呢！”新来的朋友一脸茫然地说道。

“这是不是也叫巴黎一景观?”我也调侃道。

听说，巴黎市政府规定家家户户每星期都要清扫自家门面。门面倒干干净净，漂漂亮亮，可街道却太脏了。不知是不是巴黎市政府给环卫工人薪水太少，才导致巴黎街上出现了一个个不雅的“景观”?

记者手记

不是有意，实在无心，巴黎街上的不雅“景观”撞入眼中，多少有点令人惊心。不是说法国是世界上环保最先进的国家吗?

看来宣传得过了头，就有点文过饰非。

给巴黎捅一点娄子，同时，也给我们多少提一个醒。

这使我想起巴黎女导游的话，她说：“一个人工作的差别，是服务的差别。服务最重要。”这句话是不是也适用于一个城市的管理和服务呢?

巴黎色情业探秘

巴黎，这座世界上最美丽的城市，表面看，给人印象尽善尽美：建筑华丽而高贵，如金碧辉煌的卢浮宫；街道整洁而宽敞，如绿荫环抱的香榭丽舍大道，即使是路边随处可见的露天咖啡馆，也装点得别致而幽雅，处处充满了迷人的浪漫情调。

谁也不会想到，在如此高雅、令人眩目得有点叹为观止的豪华、富丽的巴黎城里，依然有着赤裸裸的色情交易。为了一证虚实，我和广东来巴黎工作的陈先生，在蓬皮杜艺术展览中心广场上一名画家的带领下，来到了就近的一家色情商店里。

商店里面的色情带和性器具比比皆是，几台电视机正在全方位播放A级录像带，两三位金发碧眼、袒胸露怀的妙龄少女正悠闲地在室内踱来踱去，一见我们进来，便面露笑容，向我们使媚眼，一看便知是妓女。

画家上前和一高挑、性感的漂亮小姐搭讪起来。少顷，他走过来对我们说："上面有牌价，可上去看看。"

我和陈先生走近标价牌前，见上面标有300F、500F、800F、1 200F四种，其价格不等，玩法也不一样。

"砰"的一声，我正面的一紧闭的小屋，门被打开，从屋里走出一东方人模样的年轻人，在他身后有一位法国小姐。我上前询问道："怎么样，收费贵吗?"

他讪讪一笑："500法郎。"

这时，刚才和画家谈价的那位高挑小姐已和一老态龙钟的老外谈好价，老外用信用卡付了费，在女郎搀扶下，颤颤巍巍走进楼下一间小屋。不到10分钟，老者又被小姐搀扶着颤颤巍巍走了上来。

老者出了大门，那位靓丽的小姐又用眼直勾勾地盯着我们。“怎么样，这位小姐不错吧！”画家鼓动道。

“你先去！”陈先生把我往前推。

“不，不！”我惊吓得连连往后退。说实在的，我只是想看看，了解了解，要让我真的面对面和小姐来点真格的，简直不可思议，即使是身入虎穴，意欲去探个究竟的勇气我也没有。“你去吧，试一试。”我也怂恿道。

“好，去就去！”陈先生把身上的包递给我，和小姐谈好价，便随她走下了楼梯。但不到5分钟，陈先生便一个人匆匆走上来，拉过我小声道：“出去再说。”我和画家都惊异地赶紧随他走出大门。

“他妈的，完全是敲诈！”陈先生气愤得脸色都变了，“先喝杯水再说。”

我们到附近一家酒吧，每人要了一杯可乐。“我好像做了一场噩梦，太可怕了！”陈先生猛喝了一大口可乐，才将先前的事慢慢道来。

陈先生付了500法郎，说可以做全套。结果到了下面的一间小屋里，女的刚把全身衣服脱光，便说500法郎只能欣赏，不能动手。陈先生一时懵了，正欲解开衣扣的手也僵住不动。那女郎又吐出令他更心惊肉跳的字眼：

“你们不是一共有3个人吗，再付2 000法郎，叫他们一块下来，大家一起玩。”那女郎搔首弄姿，扭动着丰腴的躯体，极尽挑逗之能事。

陈先生血往上涌，恨不得一拳向这个面如桃花、心如虎狼的女郎脸上揍去。可他不敢，且不说在异国他乡，光是楼上逡巡着的三五个保镖大汉，就令他不敢举手。

“那，等一等，我上去叫他们。”他知道，今天搞不好要被狠狠宰一笔。他想抽身溜走，又怕走不脱，只好略施小技，哄骗那女郎。

“OK。”女郎刚一点头，他便马上推开小屋的门，迅疾走上楼，拉着我们溜出了大楼。里面那光着身子的女郎还在傻乎乎地等着呢！

“哎，可能是她见你们刚从国外来欺生呐！”画家愤然道，“我所知道的，许多中国人去，一般也就三五百元可搞定，怎么会一下子要这么多钱？”画家一脸茫然，随后又大度地开导道，“不找老外，找中国人，从大陆来的小姐不少，价格便宜得很，150法郎可以陪你住一宿。怎么样？我这里有电话，随叫随到。”

“算了，算了！”陈先生心有余悸地说。

我也摇摇头：“我们主要是想去看看，了解了解巴黎的色情业。”

“哦，是这样。”画家又马上说，“那你们到3区的圣·戴尼斯街去看看，那是巴黎有名的色情街。不过，只有晚上去方能看到，那镜头也蛮精彩的。”

“这倒可以去看看。”我向画家要了详细地址，便和陈先生乘地铁辗转来到了圣·戴尼斯街。

这时，天刚刚擦黑，正是妓女出动的时间。我们沿着圣·戴尼斯一条街边走边看，果不其然，路两边住家门前站立着一个个打扮入时、浓妆艳抹的女子，或倚在门框上，聊做休息状；或立在门口边，叼着香烟，吞云吐雾。年龄大多三十好几，且都是黑裔多，人也很丑，难见一个靓妹。据说，这些女子都站在自家门口，300元谈定后，即可上楼成交。

我粗略数了一下，大约有十几位妓女。

此时，路边“戛然”停下一辆雷诺小轿车，从车上走下一位白裔男子，一双鹰隼般的眼光往街两旁站立的女人身上逡巡，像猎人在搜寻自己的猎物那样，一看便知道是嫖客。在刚停的这辆雷诺小轿车旁，早候着好几辆小轿车，车门旁都站立着男子，大概都在等候满意的女子。

天色越来越黑，妓女也多起来，开始有嫖客上前与之讨价还价。我们在折回的路上，一立在路边的年轻女黑裔，突然走上前来朝我们哧哧一笑，一双火辣辣的眼睛直勾勾地盯着我，吓得我和陈先生赶紧加快步子，走出了圣·戴尼斯街。

巴黎的色情业从陈先生的遭遇和我们亲眼目睹的色情一条街便可见一斑。色情业在标志着文明的凯旋门下，甚嚣泛滥，给美丽的巴黎抹上了浓重的阴影。

记者手记

我与陈先生卧底探秘巴黎色情业，虽被诈财，却能全身而退，也算一幸事。美丽的躯壳下，其实也掩藏着霉斑和细菌，一旦滋生难免不毁肌坏体。

曾有一位巴黎朋友大言不惭：妓院是一夫一妻制性的补充。如此邪门歪说，那艾滋病何以令人谈“艾”色变？它毁坏的不是一个人的肉体，它毁坏的是一个完整的家，并在国家躯体上留下了一个坏死的疽疤。

生命可贵，道德更可贵！

在巴黎乘坐高速列车

法国人有一个嘲笑英国人的最新说法：海峡这边的火车已经在以200千米的时速飞奔了，海峡那边的火车还在以80千米的时速爬行。最近几年来，法国高速列车（TGV）的确颇替法国人争了口气。习惯了在各国乘坐长途火车的游客，来法国坐坐闻名世界的高速列车，收获恐怕不亚于登埃菲尔铁塔，逛卢浮宫。坐在宽敞舒适的软坐椅上，欣赏着眼前飞速掠过的田园风光，并用短短的2个多小时跑完500多千米路程时，你一定会感到畅快无比。

早上6点30分，天空还是灰蒙蒙的，我们一行四人便驱车来到巴黎的里昂火车站。我们将乘7点24分的高速列车到瓦朗斯市采访，并且要在那里住一晚，22日下午4点返回。

里昂火车站，有普通列车和高速列车。在高速列车站台上，并排停着三辆火箭头似的银灰色的高速列车。我们进站时，没见到检票员。记者团领队是法国人，教我们将票放进自动检票口，机器自动打一个小圆点，即检了票。我们将票交给一位服务小姐验收后，便走上了列车。高速列车一共9节车厢，每节车厢有38个座位，每排3人，中间有一条空道。座位宽大舒适，有高靠背、软座垫。座位背后有靠脚垫和一个写字板，将写字板拉起来放下就成了小桌子，可在上面用餐或写字用。

我们的车票是每人475法郎，属普通座位。在每节车厢前面有两排玻璃隔开的高档座位，相当于飞机上的头等舱，价格要比普通座贵30%。

列车上还放有TGV杂志，虽然杂志是以反映高速列车为主，但内容完全是休闲型的，内容丰富，图片也意趣盎然。

7点24分，列车缓缓驶离站台，向前方驶去。天边曙光初现，可清晰看见层层高楼，片片绿野。一上火车，同行的肖小姐便困倦地阖眼小憩，领队马处长翻开《费加罗报》，浏览新闻，我则端起相机，将她们一一收进镜头。

约半小时后，有列车员进来验票，我趁机抓起相机拍了一张。列车员见状大怒，叽里呱啦的法语搞得我一阵紧张。好在领队是法国人，上去好一阵解释，才平息了对方的怒火。

我面红耳赤，对领队马处长说："不好意思，不好意思!"赶紧收起了相机。

列车风驰电掣，两边景物转瞬即逝。坐在高速列车上全无一点"飞"的感觉，既舒适又安稳，全然是一种享受。

听马处长介绍，1981年，法国的高速列车首次投入商业运营，以每小时270千米的速度行驶在巴黎和里昂之间。该铁路系统随即获得巨大成功。1990年5月18日，法国高速列车创下了时速513.3千米的世界纪录，法国的盟主地位从此确立。高速列车发展至今已走过26个春秋。巴黎距法国南部城市或瑞士从此仅几小时的车程，许多国家采用了法国的这项发明：1992年，西班牙开辟了马德里—科尔多瓦—塞维利亚高速线；美国得克萨斯州也随后用高速列车连接达拉斯、休斯敦、佛特沃斯和圣安东尼奥等城市。1994年，英法海底隧道开通，伦敦、巴黎仅3小时便一气相连。欧洲北部的高速列车Thalys也毫不落后，1995年即在巴黎、布鲁塞尔、阿姆斯特丹之间飞驰，不久后还将延伸至科隆。

经过几十年的发展，法国现有高铁线路6条，总长达1 520千米，年客运量超过2 500万人次。法国高速列车已成为同欧莱雅等齐名的法国著名品牌。运行20多年来，法国高速列车从未发生过一起伤亡事故。1992年12月，法国高速列车东北方线上曾出现路段塌方，当一列法国高速列车以300千米的时速经过时，突然在塌方路段脱轨。尽管列车车身滑出了两千米，但整列火车仍安然无恙地停了下来，车上没有任何人员伤亡。

法国的高速列车，是大流量运输，安全和创纪录速度的完美组合，并带动了整个世界高速列车的发展，可谓功德无量。

当列车到达终点站瓦朗斯市时，我看了一下表：9点36分，即2小时零15分便跑完了全程500多千米的路程。

下火车后，瓦朗斯市库赛公司的默西经理来接迎我们。这时，一阵地动山摇的巨大的呼啸从火车站瞬息而过，像火箭上天，像排炮出膛，令人惊心动魄。

“这是高速列车时速180千米的声音，它刚才通过瓦朗斯站没有停。”

“不是说时速270千米吗?”我问。

“火车进站时也会减速的。”默西经理蛮有经验地说，“上车吧。”

坐上小轿车，驶离火车站后，耳边仍萦绕着刚才高速列车发出的惊心动魄的巨大呼啸。

坐在高速列车上，不仅是一种享受，更重要的是节省了时间，将本来5小时的车速，缩短到2个小时，那节省的3个小时又是多么弥足珍贵!

车速加快了，距离拉近了，日程缩短了，人的生命不也在延长吗?

从最原始的马车到自行车、小轿车、火车、高速列车，时代变迁之瞬息，科技发达之快捷，常令裹足不前或因循守旧者汗颜。

我的法国朋友巴勒特先生，在巴黎13区的一家公司工作，以前曾住在巴黎市区。几年前，由于巴黎市区昂贵的房价，他举家南迁到法国中部过索恩—卢瓦尔省的克雷什市。该市离巴黎350千米，交通问题曾一度使巴勒特发愁。一段时间以来，巴勒特独自住在巴黎，周末才到克雷什同家人团聚。直到克雷什到巴黎的法国高速列车通车后，这一局面才得到根本改善。克雷什是从巴黎到里昂高铁线路上的倒数第二站，每天有24趟法国高速列车往返，只用1小时19分就可从巴黎到克雷什。巴勒特对记者说，虽然法国高速列车票价比普通列车票价贵两到三倍，但法国高速列车节省了时间，每天的往返时间同在巴黎市区开车的时间差不多，所以他宁愿乘坐法国高速列车。

高铁对法国人的居住和出行习惯产生的影响已不言而喻。同自己驾车相比，坐法国高速列车不仅不会堵车，还避免了开车的疲劳。同普通列车相比，省时、舒适是法国高速列车最大的优势。巴黎—里尔线（200多千米，1小时车程）的开通，使不少里尔人到巴黎就职成为可能。甚至，你可以早上在布鲁塞尔喝早茶，1个多小时后到巴黎上班，下午再坐两个小时“欧洲之星”到伦敦看音乐剧。同乘坐飞机相比，法国高速列车的乘客在市区就可上车，省去了市区到机场的麻烦，也不用提前很长时间上车。

法国国营铁路公司的材料显示，每天往返于巴黎和里昂之间的旅客10年来增加了54%，巴黎到里昂的交通几乎被法国高速列车包揽。从巴黎到外地，需两小时车程的交通有90%被法国高速列车占领，到马塞、波尔多等需3小时左右车程的交通则有50%至60%被法国高速列车占领。

值得一提的是，法国高速列车的订票非常方便。旅客可以通过因特网、电话、信函和法车“米尼泰尔”信息网办理预订，车站的自动售票机和窗口也售票。票价还有一系列的优惠政策。对于旅客购买的全价票，如果出票后由于种种原因没有使用，旅客可在乘车日期后的两个月内全额退换。

高铁系统有力地促进了法国地方经济的发展。据法国统计部门的数据显示，凡是高铁线路通达的地方，商业中心和居住中心都得到显著发展，房地产价格也迅速上涨。两个城市或地区间高速列车旅客人数增加7%，其经济和社会交往就会增加14%。

巴勒特先生在接受记者采访时风趣地说，也许中国离欧洲太远，中国人对法国的事情不太了解。他强调，除了埃菲尔铁塔、欧莱雅化妆品外，法国还有更值得人们记住的东西："我们现在有 500 辆列车，每天以 300 千米左右的时速飞驰在世界不同的国家。这不能不说是一项壮举!"

记 者 手 记

坐在高速列车上，不仅是一种享受，更重要的是节省了时间，将本来 5 个小时的车程，缩短到 2 个小时，那节省的 3 个小时是多么弥足珍贵!

车速加快了，距离拉近了，日程缩短了，人的生命不也在延长吗?

从最原始的马车到自行车、小轿车、火车、高速列车，时代变迁之瞬息，科技发达之快捷，常令裹足不前或因循守旧之人汗颜。

"师夷长技以制夷。"国外的高科技产品正日新月异的发展，我国的民族工业是不是也应该加速、再加速呢!

展览会上的吧台外交

我们从巴黎乘飞机一个小时就到了斯特拉斯堡。这是一个美丽而古老的城市，由于其地理位置处于欧洲中心，世界上有 32 个国家在此建立领事馆，其经济一直处于法国前列。

我们这次去主要是采访斯特拉斯堡工商会及其下属的几家企业。很巧，斯特拉斯堡正在举办每两年一次的第五届国际承包展览会：9 月 23 ~ 25 日，展期 3 天。来自欧洲国家的共 400 多家企业在此亮相，行业涉及金属加工、铣床、模具、注塑产品、电子、自动化设备、印刷、图层技术等。

展台面积有 4 800 多平方米，每天有近 5 000 名客人参观。展厅里，设有德国、比利时、卢森堡、法国、匈牙利展台，也有个人展台。法国除斯特拉斯堡展台外，还有两三个省区展台。

各展区干净、整洁，所示展品也颇为新颖、前卫，代表了欧洲国家目前最先进的新一代产品。

“喝杯啤酒。”斯特拉斯堡工商会的哈里先生客气地引我们来到展台里的一个吧台前。

“展览会上还设有酒吧？”我愣了一下，定神细看，实实在在立在面前的真是一个装点别致的小酒吧：半圆形的吧桌上放着两三个木制的挂台，上面挂着一圈圈面包，一瓶瓶各色葡萄酒、啤酒、咖啡罗列台上。吧台前，放有三张高脚凳子；一张小方桌和四张矮椅整齐地放在吧台一侧。虽然简单，倒感觉清爽。倒是吧台内那笑容可掬的金发小姐，像一道亮丽的风景，吸引了展览会里来来去去的参观者，也给吧台增添了不少风采。

“随便喝，葡萄酒，还是啤酒？来，先来点面包。”哈里先生为我们每人斟上一杯红葡萄酒，几大圈面包也放在了桌上。

“展览会上设酒吧，会不会影响生意的洽谈？比如吃、喝，是不是与参观现场的气氛有点不协调?”我冒昧地问道。

“不！恰恰相反，这是谈生意的一个好‘桥梁’。走累了，看累了，到酒吧坐坐，喝点酒，吃块面包，气氛会很融洽，往往生意就在这时谈成了。不过，我们的酒和面包也不是随便给人白吃白喝的。我们会给每个正式代表发出的邀请函上附一个卡，代表可凭卡在吧台随意领取饮料和面包。”

“你们做生意真是匠心独具，别出心裁啊！”同来的张记者感叹道。

“去年10月展览会在韩国展出，希拉克总统还亲自到斯特拉斯堡展台的酒吧喝了啤酒，随行记者照了相，照片登在《法国快报》和《观点报》上，很为该企业出了彩，简直是做了一个特大的广告。此后，该企业的啤酒销量猛增。你说，酒吧的商业效果如何?”哈里豪爽地一乐，端起一杯啤酒仰头便一口气喝了下去。

“这叫酒吧外交，欧洲每次举办展览会都要临时搭建酒吧。展览会闭幕时，酒吧也随之撤销。不过，每次展览会，酒吧的功劳可不小，很多当场拍板的合同都是在吧台前签订的。”站在旁边的肖翻译插话道。

没想到，酒吧还有这么神奇的外交能力，尤其是在展览会上，就更显得非同一般了。在大街旁的酒吧里谈生意、谈爱情、谈学习、谈工作似乎天经地义，可把临时酒吧搬到展览会上，让它见缝插针般地发挥其吧台外交功能，实在令人叹服老外做生意的精明。我仔细瞄了瞄，偌大展厅，共设了两个吧台。除我们坐的这个外，在最里面还设了一个。吧台前，依然坐着三两客人在边饮边聊，说不准，一个生意就在这和谐、轻松的闲聊中诞生了。

记 者 手 记

斯特拉斯堡，这座有着2 000多年历史的古老城市，有着非常古典的建筑，如大教堂、覆顶桥、罗昂宫以及那些对世俗和宗教生活产生过深远影响的建筑。

它的地理位置处在欧盟15个国家的中间，是欧洲的心脏，因此极具权威的欧洲议会和人权委员会办公楼都设在这里。正是因为它具有的特殊地理位置，第5届国际承包展览会才会在这里举行，并且办得有声有色。

从展览会上，我们看到了这个城市的先进和文明，也看到了这个城市机智而灵活的创新力。

斯特拉斯堡，一座既古老又富有朝气的城市！

意大利的雨

颠簸在双层大巴上

采访结束后，剩余的时间就由我们自己安排，虽然来的时候订的返程机票时间是 12 月 4 日，如要在法国逗留，仍可再免费一次延长登机时间。当时有两条选择路线，一条是经法国去卢森堡、荷兰、比利时，时间 4 天，费用只需 1 080 法郎。另一条是意大利深度之旅，时间 8 天，费用 2 380 法郎。我选择了意大利之旅，并将返程机票延至 12 月 12 日。

12 月 4 日下午采访结束后，晚上 8 点，我从所住的奥黛昂花园酒店出来乘地铁辗转到香榭丽舍大街出口，在文华旅行社门口等候上车。我看了一下表，离 10 点出发还有 1 个小时，我便在位于旅行社旁边的丽都夜总会浏览。

丽都夜总会的艳舞据说仅次于红磨坊的艳舞，在巴黎久负盛名。大厅两侧，挂满了各种艳舞女郎的艳照，有个人的靓影，也有集体女郎的合影，缤纷舞姿，光艳四射。络绎不绝的人群纷纷前来观赏。我问了一下价格，350 法郎。我咋了一下舌头，太贵！据说在红磨坊看一次艳舞，要四五百法郎。我只能望“舞”兴叹！

9 点 40 分，大巴准时来到旅行社门口，和我同坐一排的是来自北京协和医院的牙科医生，姓王，一口标准的京腔。同是单行者，自然组成了一对旅行伙伴。我看上车的人大都成双成对，有夫妻二人的，有姐妹同行的，男男女女大都各有其主。也有刚上车认识的一对青年男女，位置刚好连座，瞬间便成了“恋人”。男的是上海科研所的干部，女的是上海某医院医生，异国遇故人，自然亲热得不得了，话也特别投机。他们的言谈举止一下成了全车人关注的焦点。

导游姓林，是一位来自北京30多岁的女士，10年前移居法国。现已是法国公民。

“我们乘坐的这辆豪华大巴，是瑞士生产的，叫SCAMO（斯卡莫），质量很好。我们从现在开始就一直乘坐这辆车从巴黎到意大利，然后又回到香榭丽舍大街。”林小姐用标准的普通话开始介绍。实际上，当我拎着简单行李，漫步香榭丽舍大街时，目睹那霓虹闪烁下的法语广告牌和肤色各异的老外，确实有一种陌生感。可当我一踏上大巴，听到熟悉的乡音，那种陌生感涣然冰释，俨然又回到中国，回到故乡。林小姐纯正的北京语，再次把我带回了京城。

这次意大利之旅全程4 000多千米，仅用6天时间观赏（两天夜间）可谓走马观景，途经5个国家：意大利、圣玛利诺共和国、梵蒂冈、摩纳哥、法国南部，其间观赏一些著名的城市，如米兰、佛罗伦萨、维罗纳、威尼斯、罗马，以及法国美丽的海滨城市尼斯、戛纳。导游的介绍，把我们的胃口吊得高高的。

“从意大利回来后，我还要参加德国的四日游。这一次把全欧洲跑遍，今生再也不到欧洲来了。”牙医兴致勃勃地对我说。

“我可没时间，意大利游完后，我要赶回中国。”我感到大陆有一根无形的绳在牵引着我，使我归心似箭。

大巴缓缓驶离文华旅行社，在灯火闪烁的香榭丽舍大街慢慢前行。离开繁华的城区后，在宽敞的大道上向意大利国境驶去。路两边的杉树、橡树光秃秃的，在初冬的冷风中瑟瑟抖动。那远处一大片一大片的橄榄树已蔚成一片风景林。据称，全法国90多个省，有80多个省生长橄榄树，最古老的树已有400多年历史。而一片片松柏郁郁葱葱，在灰蒙蒙的夜色中泛着青凛凛的光。

夜色渐浓，四周已一片阒寂，只有车轮的辚辚之声。有人在小憩，甚至有人发出轻微的鼾声。大约快12点时，大巴停了下来，司机叫乘客全部下去，他自己三弄四弄，就将全车的坐椅变成了上下铺。每床有一枕头和棉被。乘客一拥而上，争相找搭档睡在一起，我自然和牙医睡在一张铺上。这时有趣的事发生了。

那对引人注目的“恋人”，起初还羞答答不好意思睡在一张铺上，后来有一位男乘客开玩笑：“那女的和我睡一铺?”

上海女郎妩媚地一笑：“美死你了，我自己不会睡?”说着就大方地躺在老乡身边，身子卷进被窝里，露出一张俊俏的脸。

男子反倒挺别扭，不好意思地背对着女子，被盖半搭半开。那张小白脸，在微弱的车灯下，越发显得白皙。

我是平生第一次睡这种双层大巴铺，脚很难伸展，翻身也挺困难，只好凑合着睡一晚了。灯熄后，全车人沉入了梦乡。

次日早晨7点，醒来后透过玻璃窗第一眼看到的是皑皑积雪，据导游介绍，这就是与意大利、斯洛文尼亚、奥地利、瑞士和法国相连的欧洲最著名的阿尔卑斯山脉。山顶上终年积雪，是欧洲极佳的旅游胜地。

“你看，真睡到一起了。”牙医用手肘捅了捅我，用眼神向我示意看那一对“恋人”。

“真‘恋’到一起了。”我也暗自惊讶地嘀咕道。原来那两人早已合在一铺了。女的手还搭在男的脖子上面，俨然一对小夫妻。

这现代男女的感情，也来得太快了！连我都有点不可思议。

9点半钟，大巴驶入了意大利边境。我们踏上了美丽的意大利国土。

记 者 手 记

双层大巴，像一架流动的床铺，将我们的梦托向意大利。醒来后，方知昨夜的梦老在晃荡，找不到平衡点。犹如我们在外旅游，有一种“飘”的感觉。

而那对瞬间成为“恋人”的游客，在晃荡的“梦”中惬意地温理着自己的情感。但正如一位哲人所说：“你赚得了世界，丧失了自我，又有何意?”

其激情相遇成为“泡沫”恋人，不如平淡相交发展成莫逆之友。须知，理性比浪漫更可贵。

记住，无论你走向哪里，你心灵的罗盘应始终如一。

雨中游米兰

车到米兰时，天上下起了霏霏小雨，而且越下越密。我们下车后，除了少数人自备雨伞外，大部分人花 15 法郎买了一把伞。可刚撑了不久，我这把伞就断线了。

“留着做纪念吧，算是对米兰的一次特别记忆！”牙医开起了玩笑，并潇洒地挥舞着他从北京带来的自动伞。

我们沿着米兰的拿破仑山道边走边观赏。雨中赏米兰，别有一番情趣，小城很美，很别致，尤其是挂在橱窗里精致的服装，更令人眼热。米兰的服装在全世界都很有名，是世界七大服装中心之一，每年都有时装展。而以前米兰只给巴黎加工服装，后发展培养出了自己的设计师，像“开司米皇后”劳拉·比娇蒂女士、著名时装大师玛利琪亚·曼黛丽女士和费雷等。现在米兰有十几家服装公司，生产的服装很受当地人青睐，政府官员西装革履，修女白衣白帽，神父黑色长袍，少女也打扮得花枝招展……整个米兰，便是一个服装展示会，令人眼花缭乱。实际上，米兰是因经济而著名。早在 2 100 年以前，即中国的汉朝时代，米兰已经是意大利北部最大的工商业中心了，在 20 世纪末开始成为意大利的“经济之都”。正如同其他世界水平大城一样，米兰也有它自己的那种上流社会和贵族人士们时常出没的街道，这里是时代推动的中心，因为这些街道两旁满是久已闻名的商店，其分店遍及意大利全国。拿破仑山路便是这类街道之一。

我们在拿破仑山路慢慢溜达，沿路欣赏那晶莹夺目的橱窗，那琳琅满目的各类时装、皮鞋、古董。目睹一个个穿着考究的绅士、小姐走进橱窗后那副悠然自得的神情，你会真切地感受到你就处在米兰的中心旋涡里，这里是最现代化的米兰。

而米兰的悠久历史和文化气息为发展服装生产创造了有利条件。早在20世纪70年代末，米兰时装已超过巴黎，成为全世界最为关注的“时装城市”之一。米兰的服装业已成为米兰的一大经济热点。

我和牙医走进一家时装店，漂亮的金发女郎笑容可掬地迎候上前。我们不懂意大利语，只礼貌地向她点点头。

这里的服装确实很精美，但也很昂贵。可用三种货币交换：美金、法郎、里拉。牙医为妻子买了一件棕色网眼毛衣，花了850法郎。他买下后很自信地说：“这里的毛衣堪称世界一流，拿回去准给老婆一个惊喜!”

我也给女朋友买了一件黑色的连衣裙，花了380法郎。黑色表示庄重、大方，且有高雅之美。想必原本肤色较黑的她，穿上它会成为真正的“黑牡丹”了?

出了时装店，我们在卖比萨饼的餐馆前停了下来。比萨饼散发出的清香气息诱人食欲。我想起在美国曼哈顿大街上的餐馆里，唐人街的小食店里，随处可见意大利比萨店。平时吃中餐吃腻了，偶尔也到比萨店去，花2.5美金，买上一块番茄酱比萨饼，要上一杯可口可乐，就着舒伯特或者莫扎特轻曼的音乐而慢慢品尝，那真是一种享受。可现在就无此闲心，加之时间紧，午餐又有安排，想尝一尝正宗的比萨饼还是忍了忍：留到下一站再吃吧，因为明后两天有两个晚上是自助餐，自然少不了比萨饼。据说比萨饼的制作最早源自佛罗伦萨的一个乞丐，他沿街乞讨到一些面粉，就将面粉用水揉成一团拿到灶上烘烤，烤熟后再吃。以后渐渐发展，开始在烘烤的面团上添加油、盐、葱、香肠、鸡蛋等，就演变成了现在的比萨。

“这儿怎么有这么多猫的标志，墙上有猫欲飞奔的雄姿造型，服装上有猫憨态可掬的徽记，就连一些老太太怀里也抱着一只只肥猫，呵护备至。这猫也真神了!”还是牙医观察细，向导游提出疑问。

“猫在意大利可是真正的宠物，许多家庭都养猫。可这宠物，都是不吃老鼠的懒猫!”导游的话又引起了我们的好奇。

“猫不吃老鼠叫猫吗?”

“叫猫，而且是意大利的‘英雄猫’。”

我们更纳闷了，这懒猫还跟英雄沾边?

“真是英雄!”导游一本正经地说，“有一年意大利闹鼠疫，死了很多人，全国人心惶惶，一片惊恐，许多人开始举家向别国迁移。政府急了，从全世界空运、陆运、水运来了成千上万的猫，放到鼠疫重灾区。饿急了的猫纷纷向老鼠扑去，一场猫鼠大战最终以猫胜利告终。鼠疫得到控制，猫也成了英雄。后来人们就把猫当作宠物看待。猫也自恃功高，不再捕鼠，时间长了，对鼠味再也没兴趣，成了真正的‘懒猫’。”

“这猫也成了陈列品了。”牙医调侃道。

我们顶着蒙蒙细雨来到米兰市中心洛雷托广场，在广场附近有一个纪念碑，它是为纪念意大利游击队的英雄们在1945年4月28日将法西斯头子墨索里尼绞死而设立的。据史料记载，墨索里尼遭到失败后，4月17日逃到米兰，在米兰无法藏身，4月25日又从米兰逃至意瑞边境城市科莫，企图逃往瑞士。在离科莫不远的东戈被游击队捕获。1945年4月26日米兰解放，两天以后，墨索里尼同他的情妇双双在此被处死。

逆历史潮流而行的人最终会遭到人们唾弃，就连曾纵横驰骋欧洲战场的一代枭雄拿破仑也未能幸免失败的惨剧。在米兰有一座和平门，当时叫凯旋门，它是1807年，拿破仑为纪念战争获胜，下令在米兰修建的。当时，他设想在米兰森皮奥雷大道举行一次阅兵式，检阅他的军队和辎重，游行队伍从森皮奥雷大道到达凯旋门。可惜，拿破仑的愿望没能够实现，凯旋门尚未竣工，拿破仑就败于滑铁卢而被流放到圣赫勒那岛上去了，最终葬身在那座荒岛上。

100多年过去了，这座高25米，顶部的群雕由四根粗大的石柱支撑，下部有三个穹门的和平门，却成了米兰的著名景点。崇尚和平，是全世界人民的共同心愿。和平门上那四位骑马的和平女神雕像，便象征着人民对和平的渴求和憧憬。

记者手记

初次接触米兰，我感到有点难以和它相处，例如刚买的第一把伞，便发现是伪劣产品，这正像灰蒙蒙的天空下起了淅沥的小雨，给人的心灵蒙上了一层阴影。但这毕竟不是真实的米兰。米兰不仅是艺术的摇篮和天才人物的故乡，也不仅是一个巨大博物馆或一座著名古城。今天的米兰，是一种生活方式，是一种工作方式、表现方式，一种创造文化和对存在的理解方式。米兰代表着日益先进的幻想，米兰就是效率、勤奋和不气馁。一座现代城市的优点和缺陷这里都有，甚至受到夸大和赞扬。与生俱来的人世间的矛盾，透过米兰的富有生机的结构组织，完全呈现出了其戏剧悲情的一面。这或许就是米兰直接映入我们眼帘的相貌，也就是我们首先所认识到的它的实质面目。

于是便有了一把精美的小伞瞬间成了破伞，一群“英雄猫”会居功自傲堕落成“懒猫”的今古“传奇”。于是我们便透过米兰最著名的文化故事和辉煌建筑的一面，了解了更通俗更民众化的米兰。

只有袒露自己缺陷的城市才是一座完美的城市。

米兰将自己的性格与心灵袒露无遗。

奇妙的尖塔之林
——米兰主教堂

米兰除了历史悠久、工业发达之外，还是一座闻名于世的文化古城。米兰经济的发展带来了文化的繁荣。米兰的历史文物和古迹很多，其中米兰主教堂便是著名的景点之一。

当我们来到广场中心，目睹那一座犹如半空中浮现出的奇妙的尖塔之林时，不能不惊叹设计者的胆大和心细，建造者技术的卓越和精湛。这座哥特式白色大理石建筑非常雄伟典雅，世上少有建筑能与之媲美。大教堂建于 1386 年，当时建造工程由米兰大主教萨卢佐主持，意大利及各国建筑师们纷纷设计图案，献计献策。最后选定了一个最佳设计方案，此建筑图现存于大教堂博物馆中。但大教堂主要工程进展速度很慢，共用了 100 多年，正面图案一直拖延了 300 多年。1805 年，拿破仑提出要到大教堂加冕并宣布他兼任意大利国王，务必将正面图案及其他修缮工作完成，这才算告一段落。

宽阔的长方形大广场里，广场中央竖立的维托里奥·埃马努埃莱二世骑马的雄姿，使人遥想当年他在圣玛尔蒂战役中率众进攻的激烈场面。坐落在广场两个长边上的建筑物，那设计精致的凯旋拱门、别有风味的凉廊和雕塑像旁的两座石狮子像，都在无声地述说着那个久远的年代。将自己置身于四周那浓浓的中世纪古典建筑群中，思绪也自然沉浸在那古老的“平原的中间”古城米兰里。这是由原始的高卢人的一个部落，曾一度成为阿尔卑斯山这一边地区共和国的首都，后发展成为意大利整个生活舞台中心的米兰。它以深厚的文化底蕴和扎实的工业经济闻名于意大利。

恢弘壮观的大教堂矗立在眼前，它的正面上半部为哥特式，下半部为巴洛克式，有六座大石柱嵌着五道大铜门。门上方的山墙内有一幅巨大的卡拉拉大理石浮雕，内容象征天主创造夏娃。门框镶以多重壁柱，作装饰的是些花卉、水果和动物形象之类的题材，颇为生动、逼真。

进入教堂内，我们便被一种庄严的宗教气氛所吸引，并使我们在生动的半阴影中肃穆起敬。我们所体会到的除了它的比例上的宽阔宏伟之外，更使我们感到出奇的是它的建筑风格上的连贯一致性。堂内几扇彩色玻璃窗透射进来的光线令人洞察堂内每一景物，使空间倍增并展现料想不到的透视景色。我们走近玻璃窗，粗略一瞄，发现上面全是描述有关圣母、圣子、圣女的宗教故事，绘制的图画色彩鲜艳，故事情节动人。在大堂内还可看到圣母、耶稣等许多雕像。听导游介绍，大堂内共有 800 多座雕像。堂内还供奉着 15 世纪时米兰大主教的遗体，他的头是银做的，躯体都是真身。进入教堂最里边，可以看到精致美观的大祭台。祭台中的圣体龛引人注目， 8 根镀金的铜柱支撑着基督铜像的顶盖，将之置于其中，下面由 4 名小天使抬举着，两旁还有两位更大的天使俯伏朝拜。在祭台附近，有巨大的管风琴。在管风琴后面，有木制的唱经楼。在唱经楼面壁上悬挂的镀金十字架中，在红光照射处，珍藏了一根曾钉穿过耶稣手足的“圣钉”，据说这是君士坦丁大帝亲自赠送给主教的。

整座大教堂全长 158 米，宽 93 米，最高塔高 108 米，它是哥特式风格建筑最大的一座教堂，在全世界来说，它仅次于罗马的圣彼得大殿。

大堂内的艺术作品更是美不胜收，它们是由德国和意大利的杰出艺术家们联合制作的。靠南边的更衣所门面装饰非常优美，框缘上的楣饰浮雕象征明智的与愚蠢的贞女们；弦月窗内象征耶稣从十字架上被卸下和童贞圣母被围绕在虔诚信徒们中间。沿着拱腹线则有 6 幅有关基督生平的雕刻。为教宗庇护四世的兄弟梅迪契所立的纪念墓碑，应该说是大堂内的一个独特景观。这是一座典型的 16 世纪纪念碑，在以大理石墙壁作背景中凸现出青铜雕像和浮雕，正中间的是身着罗马胸甲的梅迪契的铜像，左边象征作战女神雕像，右边象征和平女神雕像。令人好奇的是，统帅的左腿稍微向前弯曲并将长斗篷搭在腿上，这是为掩饰梅迪契的一个缺陷而采取的策略，因为他生前曾是一个跛子。

最让人惊奇的是那尊被剥掉皮肤的圣巴尔托罗梅奥雕像，是由玛尔可·达戈拉特于 1562 年雕刻成的。这是一项无与伦比的解剖学研究，所达到的程度是如此完美。

令观者叹赏不已的另一件艺术品是青铜蜡烛台，它是由若翰·特利午尔齐奥于 1562 年 4 月 8 日赠送给主教座堂的礼物。这是一件珍贵的哥特风格铜制品，具有七爪，高五米，艺术评论家认为是法国金匠尼古拉·德维尔顿的作品，他是于十三世纪雕塑的。

大教堂最美的部分还在堂顶，从大教堂后侧旁门出，顺着“由此上堂顶”的路标，我们登上了露天平台，教堂顶端那大大小小 135 个尖塔以及数百个神态各异的人物雕像扑面而来时，我首先感到的是我们进入了一座奇异的化石丛林，步履也轻飘起来。尤其是凝望那座有 4 米多高的镀金圣母玛丽亚像时，更感已进入一种似真似幻的梦境，令人飘飘若仙。

站在堂顶上，鸟瞰米兰全城，这座中世纪的古老城市，在冬阳的余晖中，散发出一股青春的气息。从古老，走向年轻；从厚重的文化积淀，走向繁荣的经济之都，现代的米兰正以全新的面貌展现在全世界人面前。

米兰主教堂，正在默默注视着米兰的变迁、发展和迷人的远景。

记 者 手 记

米兰今天惊人的发展已扩展到航行渠道以外的地区了，以致与它周围无边无际的田野地带连接到一起了，那里兴建了现代化建筑物和大工厂。但是住在偏远的郊区已经不是在米兰生活了，而对那居住在被侵蚀了的古城墙以内的人来说，其意义就大不相同了。原因是米兰有它跳跃的动脉中心：米兰的活力心脏便是主教座堂广场，城市的生机好像是从这里产生，而后活跃地传遍全米兰城。你会在这里找到它生气勃勃的中心，在广场的辽阔进口处，沿着那拥有光芒四射的商店橱窗的柱廊，在其最杰出的纪念建筑物的阴影下，你到处都可察觉到。

今天的米兰，说它是意大利整个生活的舞台、剧院、远景，那是再恰当不过了。

走进斯佛尔扎城堡

在走进斯佛尔扎城堡之前，我想象它与中国的羌寨城堡、钓鱼台城堡等似乎没有两样，无非都是为防御而修建的。直到我穿过加伊罗利广场，从圆门走进斯佛尔扎城堡，才发现该城堡远远出乎我的想象，其宏伟和庞大都大大超过钓鱼台城堡和羌寨城堡。

一位当地的地陪导游小姐取代了从巴黎来的林导。这位小姐祖居香港，来意大利已 10 年了。个子不高的她，肤色黝黑，椭圆形脸，不算漂亮，但蛮有精神。谈起斯佛尔扎城堡，她真是如数家珍。

建造这座城堡的年代，最早可以推算到公元 1368 年，那时城堡建成为巨大四方形，还有面向城市方向的一个大的庭院。1450 年，城堡由弗朗切斯科·斯佛尔扎子爵下令重新修建，并在城堡的正前方建立起一座碉堡。工程进展相当迅速，以至于到 1466 年弗朗切斯科·斯佛尔扎去世时，城堡的修建工作几乎已经完成。当外部修饰工作进行时，内部的美化工作也同时进行。城堡变得越发华丽，简直成了整个意大利北部最壮丽堂皇的宫殿之一。但如此漂亮的城堡也挡不住 1499 年入侵的法国人：城堡的守卫还没有起来抵抗就被敌人占领了。

尔后，这座城堡历经沧桑，经历了动荡不安的年代。1733 年被萨沃伊公国的卡罗·埃马努埃莱二世占领，之后又受到西班牙统治；1796 年落入法国手中，1800 年又遭到奥地利摒弃。拿破仑曾下令拆除小城，只留下斯佛尔扎城堡本身。但 14 年以后城堡再次成为奥地利军营，1848 年米兰人民发动起义，奥国元帅拉德斯基曾下令炮轰米兰城，城堡四角落上的碉堡也被全部拆除。1943 年，城堡再次遭到战争摧毁。后来政府把它修复了。

斯佛尔扎城堡位于米兰城的中心。整个建筑物显得雄壮宏伟，正中间竖立着菲拉雷特建造的碉堡，两端设置了两座圆形碉堡，都是用外凸琢石砌成并筑有城堞，且各饰有一块石刻盾牌，上面雕有象征维斯孔蒂与斯佛尔扎家族的巨蛇像。

处于正面的菲拉雷特碉堡是整个城堡最引人注目的标志，也是整座城堡的灵魂。碉堡呈四方形，高 70 米，正门的上方有一个大理石浮雕，象征的是骑马的翁伯尔托一世国王，这是为纪念这位被暗杀的意大利国王而雕刻的。在碉堡两旁修建了雄壮的护城墙，上面设置的有竖框的窗户美化了这红色的砖墙。这座碉堡是 19 世纪重新仿建古老建筑的范例，以其崇高伟大而又苗条的建筑体态耸立于周围地区之上。

越过吊桥和菲拉雷特碉堡下的大门，我们进入一座被称作练兵场的大庭院。但呈现在我们面前的则是一个井然有序的幽静花园，地上铺满了绿色的植被，过道旁植有青松翠柏。围墙上也爬满了藤萝，干净、整洁、静谧、幽雅，倒是一个夏日纳凉的好地方。往事越千年，当年操练军队的练兵场已不复存在，但仔细审视，在围墙上还留有文艺复兴时期残存的壁画装饰的痕迹，同一时期的另外一段庭院则遗留有用砖作装饰的痕迹。

历史的痕迹无处不在，诉说着城堡的屈辱、兴衰和荣耀，而史迹丰富的城堡博物馆，便是这一切有力的佐证。这座博物馆不仅是城堡的荣耀，也是米兰城的光荣。城堡博物馆内陈列有雕刻、家具、绘画、乐器、瓷器和铜器。在众多艺术品杰作当中，达·芬奇和米开朗琪罗的作品最为著名。1498 年，达·芬奇在城堡“阿赛”大厅画了一幅著名的壁画，画意是：大厅顶棚上布满无数树木的枝叶，向墙壁四周扩散，树干、树枝、树叶、珠果纵横交错。透过茂密的树叶，微微露出天空的蔚蓝色，非常奇妙、高雅，表达了达·芬奇对未来理想的一种缥缈的追求。

米开朗琪罗《未完成的作品》，是他在临死前四天开始创作的，即1564年，当时他已89岁了。显然，这尊雕像没有完成，从雕像左手边的悬空手臂可以发觉，艺术家所设想的基督应该是另一种姿态，甚至他的头在另一个位置。这一尊被安置在晚期罗马风格墓碑上面的雕像，是由米兰市政府从罗马的收藏家隆达尼侯爵的手中购买的。雕像虽具有些许中世纪色彩，而同时又是极现代化的。这件杰作摆脱了它的时代，离开了文艺复兴时期的构思想法，它超越了形式上的表达而迈入了精神上的表达。圣母与耶稣二人的形象精疲力竭地最后一次拼命地拥抱在一起，极其生动地刻画了圣母玛丽亚哀痛耶稣殉难的动人情景。她低着头，弯着腰，站立在耶稣之后，怀着万分悲痛的心情，用双手托着濒临死亡的耶稣。

这使我想起了米开朗琪罗写下的自励诗：

多少年月的追求，
多次重复的失败，
巨匠在临死之前，
生机勃勃称心如意的雕像姿态，
才从坚硬的岩石中得来……

博物馆里还陈列有当年士兵们用的武器、盔甲、米兰城的旌旗、埃及坟墓中的亡者像、乌尔比诺城的花饰陶器和中国风格的米兰花饰陶器。

穿过斯佛尔扎城堡，我们进入了风景优美的后花园。这座公园集丘陵、湖水、草被、绿树为一体，俨然成了米兰人最喜欢散步、休闲的地方，在那里每一个季节都能享受其特有的美景。据说公园占地47公顷，按英国花园样式设计。宽广弯曲的小路交叉其间，形成了散布于丛林阴影下的秀丽如画的花坛。越过了被称作“托尔多”的山丘之后，便会看到拿破仑三世骑马纪念雕塑。拿破仑三世全身戎装，骑在一匹骏马上，他右手挥舞着军帽，向欢迎他胜利凯旋的子民们示意。塑像被安置在具有两幅浮雕装饰的巨大基座上。一幅象征玛占达之役，其中有法国朱阿夫轻骑兵和万森尼猎人兵冲锋陷阵的一幕；另一幅则象征拿破仑和维托里奥·埃马努埃莱二世荣进米兰城。在公园内还建有艺术宫，每三年一次的装饰艺术展览会便在这里举办。此外还有竞技场，其形状呈椭圆形，是一座典型的新古典风格建筑物。

斯佛尔扎城堡浓缩了米兰人600多年的历史，是米兰城光荣历史的缩影。不然，1985年7月，欧洲共同体国家首脑会议何以会在这里举行！

记者手记

当我们从广阔、漂亮而热闹的但丁路一直走到加伊罗利广场，绕过广场中央高耸的纪念加里巴蒂的骑马雕像，径直走进斯佛尔扎城堡，目睹城堡历史变迁所带来的种种沧桑和荣耀时，我被浩瀚历史上那一幕幕惊心动魄的生死奋战和一页页浸满血和泪、透视着先哲们巨大智慧的史书中感受到了心灵的冲撞和震撼。

这是民族光荣和梦想交织的一块骨骼！

这是意大利和米兰城血肉相连的一根经脉！

读城堡，是在读米兰的过去、现在和未来！

观赏《最后的晚餐》

出生于佛罗伦萨、在米兰生活并从事创作达20年的达·芬奇，是文艺复兴时期著名的艺术大师。他的名画《最后的晚餐》风靡了整整几个世纪，影响了一代又一代画家，其赞誉和荣耀更是浩如星海。如今能亲眼目睹名画的真迹，是每一位游客最心向往之的事情。

导游特意把日程安排得稍宽松些，且事先早已预约。下午四点半，我们便按时来到了圣玛利亚大教堂。在教堂旁边，坐落着一座黄色小屋，1495年至1498年，达·芬奇就是在这座黄色小屋里创作出了世界名画——《最后的晚餐》。

参观《最后的晚餐》，每天要规定人数，怕参观者多了会影响壁画的保存。有些远道而来的艺术家为了等候参观，从昨日等到今天，从上午等到下午，一直等到允许他参观为止，其心非常虔诚。我们因是组团参观，且已提前通知，故参观很顺利。我们进去时，门口还排有好长一队人，都在耐心等候。

这幅巨大的油画，12个门徒被刻画得栩栩如生，人物表情生动各异，极其鲜明而形象地揭示出画里蕴藏的深刻思想内涵。这幅壁画的画意是耶稣被犹大出卖受难前与十二门徒共进最后一次晚餐的情景。画面显然有些陈旧，且有不少耀眼的斑点：凝聚在画面下的湿气伤害到画的薄膜并使之脱落，进而形成粉状硝酸钠促使霉菌的蔓延。

《圣经》中有一段故事，谈到耶稣殉难时说，耶稣到处传道，深受广大民众喜爱和欢迎。但也引起了罗马帝国统治者和背叛民族利益的犹太贵族的恐惧和憎恨，他们密谋策划，欲对耶稣进行迫害。他们收买了十二门徒中的犹大。犹大为30块银币出卖了节日宴席中的耶稣。耶稣被罗马总督的士兵钉死在十字架上，后被一士兵用铁矛深深地刺进他的肋下。但犹大也遭到了可耻下场，他遭到信徒们的唾弃，后来上吊死了。

这幅壁画画面宽8.85米，高4.97米，面积约44平方米，其宽度、高度和远景构成了这幅壁画的三大技艺。这幅画将犹大充当叛徒出卖耶稣的丑恶嘴脸刻画得非常贴切，可谓传神之笔。

达·芬奇在当年米兰统治者卢多维科公爵的宫廷中所度过的将近18年是他一生中的一个重要阶段，使文艺复兴时期的隆巴尔蒂亚艺术史发展告一段落，因为它对其影响是如此之大，以至于在整个16世纪完全左右着它的演变趋向。达·芬奇是于1495年开始着手这项工作的，当时他受到了卢多维科公爵的邀请，因为他在扩建了教堂之后又扩大了与之相邻的会院并加以美化，其中也包括了那一间餐厅。他请达·芬奇来为餐厅作画装点。在近三年的创作时间里，达·芬奇食宿不安，费尽心血琢磨如何表现画中圣徒。他为了思索，时而悠闲漫步，欲在街头发现适合画中人的面孔；时而面壁而坐，连续几个小时苦思冥想，甚至一连四天都一笔未画……修道院的道士们及卢多维科公爵都感到非常着急，他们担心进展速度缓慢而贻误了工期。他们指责达·芬奇消极怠工。以至于卢多维科公爵在写给玛尔盖西诺·史丹巴的信中说：我曾由衷地催促过佛罗伦萨的达·芬奇，愿他及早完成那项在圣宠之母餐厅中着手进行的工作……

达·芬奇则慢条斯理地对修道院的主持解释说："一个艺术家最重要的工作在于构思，而不在于动作。"这些门外汉对他的话仍是半信半疑。

达·芬奇依然按照自己的思路一丝不苟地作画，画作完成后，公爵和圣徒们都非常满意，为他天才的画作赞赏不已。达·芬奇用的是不寻常的技术，但很可惜的是时运不济，因为在短期内壁画就被毁坏得不堪设想，这也就是我们今天所看到的，也就是说达·芬奇用的不是油画法，而是一种强胶画法，他画在准备繁复的双重石膏层面上，但是禁不住潮湿的侵袭。远在1568年瓦萨雷就隐约看到有斑点，除了这些损坏之外，还有时代的变迁和人为的破坏：16世纪的法国雇佣军和18世纪的拿破仑的军队进行过毁坏；1943年8月间的空袭将餐厅完全炸毁了，但最后晚餐图却奇迹般地保留了下来。

虽然如此，达·芬奇的最后晚餐图一向是使人兴奋的大源泉：壁画的全面构图是达·芬奇从安德烈·德卡斯达尼奥取来的，但是向着一个新的角度扩充。也就是向深度发展，从这里产生的夕阳光辉，均匀地沐浴了整幅画中的人物。12位弟子分坐两旁，左右各为6人，每3人一组，都被安排在餐桌上的一条水平线上，而耶稣基督位居中间，它是一个固定点，是整个构图的转向焦点：教徒们的手势和视线，每个人对基督所说的话而引起的不同心理反应不同，其外在的表现也各异。

白布铺盖的长条餐桌上，放有碟子、玻璃杯和点心，四周是比较灰暗的砖壁，唯有身后三扇窗透出亮光，可清晰地看见远远的青山绿树，明亮的蓝天……由于年代久远，整个画面显得灰旧，且多处出现"耀眼的斑点"，更为明显的是画面上的长条餐桌出现了明显的裂纹。

为了完整保存大师名作，人们曾多次企图修复最后晚餐图，可惜都是弄巧成拙，现代化的技术也曾试图加以维修，但最终还是难以遂愿。最后一次修复工作是从1981年开始的。当时，联合国对这一重要历史文物十分重视，与意大利政府商定决定共同拨款10亿里拉（约合120万美元），计划用5年时间修复这幅名画。

从1981年到2000年，意大利著名绘画修复专家布朗碧拉女士支起架子，与达·芬奇共处一室。经过长达19年的紧张工作，达·芬奇的画才得以全部修复，恢复了达·芬奇原来的手笔，人物的表情和形象也重新具备了原有的特点。

在达·芬奇这幅壁画对面的墙上，还有一幅壁画是由画家多纳托·达·蒙托尔法诺于1495年所绘的《耶稣遇难》，描写耶稣被钉在十字架上的情景，虽然画面庞大、人物众多，但无远景，人物表情欠缺，因此与达·芬奇的《最后的晚餐》相比，就十分逊色了。

"你们很幸运，能亲眼目睹《最后的晚餐》原画，我带的许多团中有的就无缘来此观赏。有时候其他艺术团队多了，我们的旅游团就得让路。"地陪导游带着我们来到教堂左翼处，指着小礼拜堂中供奉着的圣玛利亚像说，"这是15世纪一位无名氏绘画的圣玛利亚像，教堂由此得名。这教堂因《最后的晚餐》壁画而驰名于世。"

步出教堂，冬日的余晖静静地倾洒到大道上，眼前整洁的街道、漂亮的小车、高耸的楼房，以及西装笔挺的老外，把我从15世纪的尘封记忆中拉了回来。

生命短暂，艺术永存！真正的艺术是恒河中的星斗，光亮宇宙！

记 者 手 记

达·芬奇是人类历史上的伟人，是人类智慧的象征，是文艺复兴时代巨人中的巨人。他是近代艺术家、科学家的总代表。正如恩格斯所评价的那样，他"不仅是大画家，而且是大数学家、力学家和工程师"。

他的座右铭是："真理求之于渊源，除实践之外，别无通达真理之路。"

该座右铭放之四海而皆准。

他创作了不朽的名画《最后的晚餐》，他自己也因此而不朽！

流连在朱丽叶故居

莎士比亚的著名戏剧《罗密欧与朱丽叶》作为经典爱情剧，曾拨动了全世界多少少男少女的心弦，整整7个世纪，至今仍传诵不衰。

朱丽叶故居就坐落在意大利北方古城维罗纳市中心埃尔巴广场附近，有一条并不很大的街叫卡佩洛。小城很美，呈“I”字形，其建筑古老而典雅，据称主要建筑都是公元1世纪所建，其历史的久远仅次于古罗马。

维罗纳仅有27万人口，但却很富有，在国际上也颇负盛名。全欧洲每年一次的大型农业展览会都在这里举行。

我们去的时候，天空仍下着蒙蒙细雨，我们打着雨伞，听着淅淅沥沥的雨声，漫步在幽静、狭长的小巷里。雨巷上空悬挂着

一圈一圈五彩多姿的灯光，为幽静的小巷增添了一种迷幻的色彩，令人陡生奇妙的遐想。稀落的行人中，偶尔会令人眼睛一亮，一个像朱丽叶一样美的金发女郎会从你身边款款而过。触景生情，使人不期然想起了戴望舒的《雨巷》一诗：

撑着油纸伞，独自
彷徨在悠长，悠长
又寂寥的雨巷，
我希望逢着
一个丁香一样地
结着愁怨的姑娘……

跟着导游弯弯绕绕过了几条小巷，我们来到了卡佩洛街，在27号庭院里，看到了朱丽叶婀娜多姿的青铜雕像。她右手轻拎裙衫，左手放在胸前，似在沉思，又似乎在期盼心中的情人罗密欧的早日到来。

“凡来参观的客人，每个人都要用手触摸一下青铜雕像，以祈祷爱情幸福。”导游说着，首先用手摸了一下雕像，我们每个人都走上前去抚摸雕像，在我们抚摸过的地方闪闪发光，想来已被数以万计的手抚摸过。我们每个人都在铜像前与朱丽叶合影留念，希望我们也有如此忠贞的爱情。

朱丽叶的住宅是一栋二层楼的小别墅，墙垣上面的灰尘因年代久远已剥落，露出了砖墙。我们去的时候恰逢开放日，大门洞开，可进去参观。二楼是朱丽叶的闺房，但里面空空荡荡，除了两根圆柱，什么家具也没有。倒是那一小型阳台，曾迷住了成千上万少男少女的心，就是在这里，朱丽叶与罗密欧秘密幽会，缠绵悱恻、倾吐衷肠。每一次幽会都恨时间太短，都恨时光溜得太快。小阳台成了他们爱情的见证，成了促成这桩千古绝唱的纽带。如今，绿色的藤蔓植满了小阳台，为这灰旧的老宅增添了缕缕春意，像是对逝去700多年的这位年轻貌美的女主人的一种青春追怀。

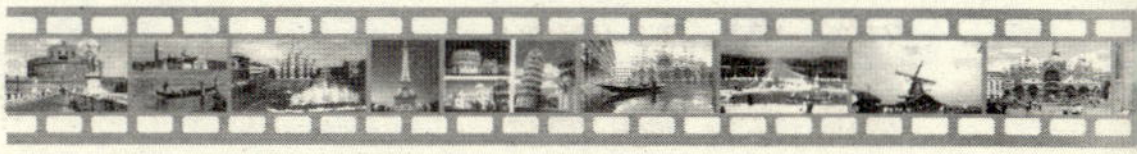

绿色长青，爱情不也是春色长在！

庭院里还辟有一小小的博物馆，里面全是纪念品，有朱丽叶的小型铜像，有各种各样的明信片，上面都有罗密欧与朱丽叶二人的亲密合影，甚至连庭院里的电话亭的荧屏上，也有两人相依相偎的亲密剧照。

“这幢房子是维罗纳市政府于1905年购买的，当时曾作为市政府旅游局办公的地方，后来经过修缮作为名胜古迹对外开放，每年来此参观的人数多达100多万。”导游介绍道。

“罗密欧的住宅在什么地方？”有人好奇地问道。

“就在这附近，在斯卡利杰雷街4号，是一幢较为古老的房屋，因长年失修，墙壁破旧，闭门不开，我们一般只带客人到朱丽叶故居参观就可以了。”

“听说在市郊处，有朱丽叶的墓地。我们能否去参观？”又有人提出想去参观朱丽叶墓地的愿望。

“行程里面没有这样的安排。参观完后，我们要到一华人餐馆吃晚饭，饭后要赶回宾馆。宾馆在郊外，乘大巴要20分钟。

不过，我可以给大家介绍一下朱丽叶墓地的情况。”我们一群游客，撑着雨伞，在亭院里听导游介绍朱丽叶之墓。

朱丽叶之墓在市郊，驱车去大约 20 分钟。墓地靠近山丘，又濒临阿迪杰河，周围花草丛生，树木繁多，风景优美。墓地在一所修道院里，院里有一幢数十间的楼房，楼房里就是展厅。展厅里有罗密欧与朱丽叶的雕像，有油画、壁画和许多手工艺品，上面都描绘有他们二人的形象。在二楼还有一间豪华接待室，是专供当代青年男女举行结婚仪式的地方。这也是罗密欧与朱丽叶当年举行结婚仪式的场所。每年都有来自世界各地的青年情侣来此举办婚礼，他们在结婚仪式上都要宣誓要像罗密欧与朱丽叶一样忠实于爱情。在地下室的一间空屋里，存放着朱丽叶的石棺。石棺里空空的，也无棺盖。当年罗密欧与朱丽叶二人相恋之后，在好心的神父帮助下，在这所修道院里秘密举行了婚礼，后来这对情人也是在这里以剑刎颈，默默地死在这所修道院之中。

导游的故事，深深拨动了我们的心弦。一位女士更是听得泪眼婆娑，激动地说：“这与中国的《梁山伯与祝英台》的故事一样，太感人了！”

说起罗密欧与朱丽叶的故事，无论在中国还是在外国，可以说家喻户晓。故事的梗概是：在 13 世纪的维罗纳，青年罗密欧与朱丽叶邂逅，一见钟情，并在朱丽叶住宅的阳台上私订终身。在一位好心神父的帮助下，他们在修道院秘密举行婚礼，结为夫妻。但因二人生在两个有世仇的贵族家庭而遭到家族的强烈反对，终于先后刎颈自杀。

关于这一故事的起源，据说最早由作家马苏乔·萨莱蒂塔诺写了一篇文章描述这一对恋人的爱情悲剧。稍后，维琴察人路易基·达·波尔托于 1531 年将这一故事写成了长篇小说《罗密欧与朱丽叶》。后来，作家马泰奥·班代洛又对此作进行了修改、补充。英国伟大的剧作家莎士比亚将这一故事编成剧本，于 1594 年举行了首场演出。1597 年，莎士比亚描写爱情悲剧的

《罗密欧与朱丽叶》剧本出版发行。这一轰动世界文艺界的作品反映了在当时封建社会条件下，男女青年追求个性解放与爱情自由的人道主义思想，作品具有鲜明的反封建倾向，受到了马克思的高度赞扬，马克思称颂莎士比亚为“最伟大的戏剧天才”。从此，这一发生在欧洲的十分动人的爱情故事，经莎士比亚的剧本宣传，被世界各地的人们到处传颂，经久不衰。

雨还在淅淅沥沥地下着，雨中的朱丽叶故居更显得迷蒙、凄清。维罗纳因罗密欧与朱丽叶的故事而增添了不少文化色彩，更为不少青年男女增添了一种眷恋的情怀。犹如我们，撑着雨伞——

像梦中飘过，
一枝丁香地，
我身旁飘过这女郎；
她静默地远了，远了，
到了颓圮的篱墙，
走尽这雨巷……

记者手记

一个经典的爱情故事流传了几百年，像一口永不枯竭的泉眼，那汩汩流淌的泉水滋润着一代又一代少男少女的心田。

于是，才有了一群来自东方的男女，怀着仰慕的心情，前来瞻仰朱丽叶故居。然而，早在60年代，美国糜烂的性解放，曾毁坏了美国的道德风尚，也毁坏了一个又一个幸福美满的家庭。80年代，中国国门大开，腐朽的西方生活也悄悄吹了进来，再次掀起了一个个家庭危机。

该腐蚀的被腐蚀了，不该腐蚀的终将挺过去，成了道德和忠贞的捍卫者。

1997 年，美国在华盛顿召开全亚洲的一次文学研讨会上，有人提出了“一个精子只对一个卵子”的说法。崇尚稳定的家庭，追求忠贞的爱情，又成了 20 世纪末期及 21 世纪全人类共同追求的生活目标。

忠贞的爱情终究会名垂史册！人们纪念罗密欧与朱丽叶，正是为了纪念那段忠贞的爱情！

被遗弃在“可爱的维罗纳”

不可想象被旅游团遗弃在异国他乡是一种什么滋味，尤其是在一个雨后的夜晚，四周全是陌生的环境，不懂意大利语，盲目地在广场上徘徊，还惊恐地联想到意大利恐怖影片中的抢劫、劫持镜头……

我和牙医就遭遇了被遗弃的命运。

我们参观完朱丽叶故居后，已快 6 点。导游领着我们来到一温州人开的餐馆。餐馆上用华文和意大利语分别写着：华美餐馆。

晚餐每人 60 法郎，四菜一汤，八人一桌。菜很简单，因早餐、午餐均吃的西餐，故晚上吃起来特香，四菜一汤打扫得干干净净。饭后，老板还特意上了一盘橘子。

老板是温州人，来意大利五六年了。一个亲侄女也刚从青海过来帮忙，已有三年未回家。明天就要回国了，今天是她最后一天当班。她大约十七八岁，模样挺俊，一提回老家，高兴劲就来了。

“三年没回去了，怎不想！明天一早乘飞机到罗马，从罗马转道回北京，然后再坐火车回青海。”

“一个人到意大利，习惯吗？”

“刚开始不习惯，现在已经习惯了。”

“怕不怕？出门都是老外，语言又不通，一个女孩子，总有点提心吊胆吧？”

“刚来时，真有点怕，一个人从来不敢出门。现在不怕了，也会一些意大利语。晚上一个人出去逛街，也不觉有什么怕。”

和我们一同来旅游的有四五位都是温州人，他们早已和餐厅老板呱啦起来。据同来的一位温州人讲，温州人在巴黎11区开了不少餐馆，而且活得都挺滋润。有一家做快餐的餐馆，头一年就赚了100万法郎。所谓快餐就是炒饭加春卷，而老外又特喜欢吃。快餐成本很低，利润几乎是10倍。所以许多在国内的温州人不惜借钱到巴黎开餐馆挣钱。

趁温州人互相闲聊时，我看了一下时间，才7点1刻，离8点集合还有45分钟。我和牙医决定上商场逛逛，看有什么礼品好买。小巷里商店装饰得颇为精致，里面的服装和皮鞋做工也很精美。牙医花245 000里拉（约合人民币700多元）买了一双皮鞋。我花了75 000里拉（约合200多元人民币）买了一件女式毛衣。

“时间快到了，赶紧走。”我看了一下表，离8点还差10分钟。

我和牙医付完钱后，就匆匆往集合地点赶。

集合地点在市政府广场，快走到广场时，牙医突然用右手猛拍了一下自己的脑门：“糟糕，雨伞没了。”因出商场时，雨突然停了，放在店里的雨伞忘了拿。

“算了，时间来不及了。”我催牙医快走，“不就一把雨伞吗？不要因这把雨伞误了大事。”

“不行，我得赶回去，时间还来得及。你在这等我。”他不容分说，

意大利维罗纳街景

一个转身，向来路跑去。

我只好在原地等他。这里可以看到广场，离广场不过就100多米远。我想即使车来了，没见我们两人上车，也会等一会儿。导游不是说过吗？等人时间最多不超过1个小时。我们充其量也不过迟到几分钟。

夜幕垂临，街上行人稀落，只有路灯在打着哑语。广场上偶有行人路过，四周静极了。

突然，熟悉的那辆白色大巴从对面驶过来，在目力所及的对面广场一角停了下来。等在那里的旅游团人员已陆续上车。我真想跑过去叫车等一等，可又想，万一牙医赶到，不见我，又不知往哪找我。人找人，找死人。还是等他来了再说，反正车还得等一会儿。

谁知，白色大巴停也没停，人一上完就启动车轮，向前驶去。我傻眼了，眼睁睁看着大巴转过弯就驶离了我的视线。我顿时毛发直竖，一种惊恐袭上心头：我和牙医被遗弃了。

这时，牙医手提雨伞，气喘吁吁地赶到。“快走，时间来不及了。”

“还快走，车刚刚走了！”我愤怒地叫道，把心中的怨气一股脑儿向牙医发泄。“都是你那把破伞，我叫你不要去找，这下好了，怎么办，我们被遗弃在维罗纳了！”

“车真走了？”牙医一听，也虚汗直冒。我们俩一路小跑儿赶到刚才停车的地方，鬼影子也看不到一个，四周阒寂，一片黢黑，只有路灯在闪着亮光。

幸好是两人在一起，要是一个人，那惶恐感才不知怎样形容呢！我真有点后怕！

牙医马上从兜里掏出手机，给导游打电话，可电话没开机。“这导游，真坏！”我气愤地说。当时我看了一下表，车是准8点赶到的，可等也没等一下，装了人就开走了。这导游真邪了，也不清点人数，怎么说走就走？这大黑天，我们到哪儿去找导游，而且今晚是住在离市区几十千米远的郊外。

“喂，我们刚刚赶到，你们怎么就走了，也不等一等?”牙医的电话通了，一颗悬着的心掉了下来。

“她说叫我们等一等，过会儿来接。”牙医合上手机盖，一扫刚才紧张失措的神态，不无幽默地说：“实在不行，今晚就在大街过夜。”

“这么冷的天，怎么过夜？还得要感谢您的手机，否则今晚我们真要露宿街头了。”

从巴黎上车后，导游就给我们每人留了她的手机号，以备急时之需，没想到真派上了用场。据说，前不久有一名游客在威尼斯的叹息桥附近走失，也是通过与导游的电话联系才归队的。为此，旅游团整整延迟了一个小时。

“你知道狄更斯怎么形容维罗纳吗？他说：‘维罗纳，可爱的维罗纳。’我们多呼吸一下夜晚的清新空气，多领略一下维罗纳的夜景，不是很美妙吗？反正，这么早回去还不是睡觉。”牙医自我调侃道。

“真有你的，把人都吓坏了。幸好你有手机，不然，‘可爱的维罗纳’会变成‘可恶的维罗纳’呢!”我仍心有余悸地说。

“没手机，拿硬币打公用电话。实在不知道导游电话，还可找巡警。你看，意大利巡警来了。”

果然，一辆蓝白相间的警车在广场边悄悄巡逻。

“不用怕，其实意大利的治安并不像电影中描写的那么恐怖。意大利人对外国人也蛮客气的。”牙医抽出一支香烟，点燃后悠闲地吐出一口烟雾。“你以为你是大亨呐，你以为你是政界要人、影视明星？谁管你了，你待在这儿一晚上，我保管没有任何人会动你一根指头。”

真是的，对于一个身无分文又不懂意大利语的中国人来说，真要被当地人撞上了，不是还给对方添麻烦吗？这时，广场上却走来了七八个老头儿、老太婆，奇怪的是这么晚了，他们居然在广场上锻炼身体。夜晚的维罗纳广场，因一群老人慢条斯理的身姿，平添了一点生气。

我和牙医心平气和地坐在广场边静静地等着车的到来。一小时后，大巴来了。见了导游，刚才的愤怒早已消失，不过，仍有点不悦："车怎么不等一等就走了，也不清点一下人数？"

"我可点了人数呐，下面共有 24 人，都齐了。上车后又点了编号，坐在你们身边的人又不吭声。我以为都齐了，这才叫开车。到了宾馆后，才知道另外两人是温州人的朋友，误把他们朋友当作你们二位了，真抱歉！"

"他妈的，这些温州人真坏！明明知道我们没到，也不吭声。真叫利欲把心熏黑了。"牙医咬牙切齿地骂道。

车缓缓驶离广场，向宾馆方向驶去。一场被遗弃的虚惊如袅袅夜雾烟消云散。

记者手记

被遗弃在异国他乡的滋味，我是真正尝到了。那种感觉，就像是把人丢弃在一片杳无人烟的旷野里，不知何时才能看到人烟，一丝缥缈的希望和惊惧揪扯着你的心。

其实，被遗弃并不可怕，更可怕的是同胞麻木冷漠的心。

明明知道我和牙医没到，坐在身边的两位温州同胞却视而不见，充耳不闻。事不关己，高高挂起。何其自私，又何其冷漠！连同胞之间的一点最起码的"乡情"都荡然无存，何谈相助呢！

一位刚从美国回来的老总告诉我，他到旧金山开会后，连跑了几个城市，每个城市都有他的好同学，而这些好同学都是前不久才回国开了一个同学会，全是他招待、宴请的，并陪玩了好几天。临走时，一个个信誓旦旦，你只要到美国，我们开车来接你。谁知，他每到一处，没有一个同学来接，要么说有急事来不了，要么就干脆不接电话，甚至叫太太接电话敷衍。搞得他心寒齿冷。凡到过国外或在国外定居过的人，对同胞之间那种冷漠和寡情寡义体会尤深。

悲夫！难道真应了那句：“没有永远的朋友，只有永远的利益”了吗?

我倒崇尚“人不能只靠面包过活，你的心灵需要比面包更有营养的东西”。

救救“水城”威尼斯

一听说马上要到“水城”威尼斯了，车上的人就开始兴奋起来，比听说到佛罗伦萨还要激动，毕竟威尼斯因“水城”而蜚声世界。有人开始在小声议论，也有人在伸颈遥望，梦中的水城终于哗啦啦地向我们涌来……

在亚德里亚海伸入内陆的潟湖之中，海水与河水混为一体，诞生了一座世界上唯一的水上城市——威尼斯。千百年来，它以自己不凡的历史、独特的风光、灿烂的文化艺术吸引了无数的游客。这座面积仅 5.9 平方千米，人口 30 多万的水城，由 118 个小岛组成，117 条水道纵横交错，通过 400 多座桥梁把各岛连接起来，使城市构成一个整体。威尼斯早在公元 5 世纪建成，迄今已有 1 500 多年的历史。

威尼斯水城的叹息桥

据传说，威尼斯的起源是附近的居民为了躲避野蛮民族匈奴的侵袭，逃到这里，而后建立起来的一座城。他们来自阿奎莱亚、蒙塞里切和阿尔蒂诺地区，并且在这海岸礁湖中的小岛屿上找到了安静的庇护所，于是便产生了这个偏远的罗马—拜占庭边缘省区。繁华的托尔切罗海港也产生在这里，远从公元5世纪这里就是一个主教区。

大巴沿着长堤风驰电掣。长堤长4千米，它的左面是铁路，右面是公路，这是一条到岛上的必经之路。车稳稳停在公路桥终点罗马广场。整个岛上不见一辆汽车，即使是总统也只能步行到主岛。听导游说，威尼斯只能以船代车，在亚德里亚海和100多个河道里穿行着各种各样的大小船只，有公共汽船、私人木船、出租计程船、警察巡逻船、交通指挥船、医院救护船、垃圾船、殡仪船、捕鱼船……可以说，凡陆上有的交通工具，这里几乎都有。俨然成了河是街，船是车。

“你们可以先乘小船环城游览小城，40分钟后再返回原地，从这里进主岛参观圣马可广场。如不坐小艇，也可随我先进去参观。”导游的话刚说完，大家纷纷掏钱，到水城，不坐游艇观赏等于没到威尼斯。每人20元美金，6人一条小船。我和牙医等6人同乘一艘名叫阿波罗号的小游艇。这艘小游艇又名贡多拉，是一种两头翘起的扁长的古式小木船，每只船的各部分由不同的木材制成，包括椽、胡桃、樱桃、榆和松木。小艇无顶棚，船身是黑得发亮的涂漆，红色的地毯、黄铜色饰物、软座垫、彩色的橹，将船打扮得既古色古香，又具现代色彩。更令人叫绝的是每艘小艇上，船夫几乎都是清一色的“靓仔”。他们上身都着一色的海魂衫，下穿黑色裤子，戴着墨镜，金黄的头发，棱角分明的脸，加上一双深褐色的眼睛，简直令我们同来的女士们大饱了眼福。“嘀嘀……”船夫发出了像汽车喇叭的吆喝声，小船便缓缓启动，向运河中心驶去。

坐在小艇上，听着摇桨声，目睹碧绿的河水和两边古老的水上建筑，真有水中有城，城中有水，水在城中过，人在水中游之感，其感觉特别新鲜。坐在我身边的一位江西小姐，早就兴奋地把手伸进水里，嘴里嚷嚷：“这水好清澈，好美。”另外几名同伴也迫不及待地掏出相机，各自选择最佳角度或单照或合影，把水城威尼斯拍摄下来。

小船悠悠，轻轻向前荡漾，使人想起朱自清的名散文《桨声灯影里的秦淮河》，“于是桨声汩——汩，我们开始领略那晃荡着蔷薇色的历史的秦淮河的滋味了。”不过，当年朱自清游秦淮河是在一种“寂寞”和“怅惘”的心境下荡船，而我们游威尼斯则是在一种“热闹”和“希望”的心境下泛舟，时代迥异，心态自然各殊。况异域之水，自有不同妙境，岂是当年朱自清能领略?

船从开阔的大运河驶入了狭窄的河道，两边是浸入水中的楼房，最高五层，可清晰地看到地板、过道、窗，甚至室内的家具也隐隐可见。在一栋三层楼的住房里，从二楼的窗口里一位丰腴的少妇伸出头来，悠闲地观赏我们划船，不时友好地向我们招招手。

此时的河床不时有汽水瓶和杂物在水上漂浮，使原本清澈的河水变得混浊。估计是游人扔的，这里的主人不会亵渎自己的河床，须知，这是他们赖以生存的通行道。保持一个干净、清爽的环境，乃是他们的初衷。真要诅咒那些随处乱扔的游客，污染环境，不也是在毁损自己的形象吗?

小艇穿街走巷，驶过一座座小桥，像一个个美丽的风景点，令人喜爱不已。可以说，小艇游览之地，每处都是一个美丽的景点，怎不令我们的相机拍个不停?正如著名诗人雪莱所说：“每个片断都拥有一切，就像一本好书，一幅名画，一首好的情诗，一首好的协奏曲。”当小艇经过马可·波罗故居时，摇桨的小伙子吐出了“马可·波罗”四个字 。马可·波罗故居非常普通，门上有一块匾，标明这里曾居住过马可·波罗。马可·波罗与中国有着友好的历史渊源，早在720年前的元代，马可·波罗就随父亲、叔叔到中国经商，在中国南北各地留下了足迹。马可·波罗的名字，在我们这一代人心中记忆犹新。这位伟大的旅行家，中意人民的友好使者，我们从遥远的中国来到您的故乡，向您致意了!

船渐渐驶达目的地，40分钟，非常准时地回到原出发点。上岸后，导游已在此等候。在走向主岛途中，我向导游提出了心中的疑惑，我说，我惊叹这座水城，每一栋房子都淹没在水下，有的甚至淹没了过道，只有船才能将房主人载入家中。是什么神奇力量使这些房屋于深水中百年不倒？导游的解释，驱散了我们心中的疑云。

“威尼斯是建在沙洲上的。每栋房子的地基都是用木桩垒成，一根挨着一根，而且都是一整棵树干，深深地打入沙地上，再用木头、水泥一层层建成，形成坚固的地基。木桩不见空气不会腐烂。那些露出水面的木桩，要每五年或十年换一次。一个教堂的下面要500多根木桩，一个广场下面也有100多根木桩。”

“哪有这么多树桩？”

“阿尔卑斯山上有的是树木。”

“要是海水涨潮，会不会将威尼斯淹没？”

“不会的，不过也有一次很危险。1966年，潮水曾淹到1.25米高，海潮高达90厘米。整座城被淹了1米以上的有70%，被淹1米以下的有30%。在广场的一座土墙上，刻有当年潮水淹没最高点的标记。”

“平时有小的潮水吗？比如说将过道淹没？或者将楼梯淹没了？”

“有的，有时候看着水从地下往上冒，十几分钟、一两个小时不等，然后又看着水往下走。这种现象前几年每年大约要出现三四次，现在由于生态破坏，地质发生变化，一年要出现二三十次，听着也蛮吓人的。”

导游的解释，似乎给水城威尼斯能否被淹没作了合理的说明。威尼斯很美，却也处在危险之中。在1966年的那次可怕的洪峰之后，近30年来，已经发生过99次超过80厘米的海水侵蚀。每次水淹，都对威尼斯造成了一次危害。目前威尼斯仍面临洪水侵袭、地面下沉和环境污染三种威胁。据有关专家统计，由于水灾、潮湿及盐分的腐蚀作用，使少数建筑物的大理石毁坏，使5%的油画、版画和壁画受损。威尼斯市建在潟湖的淤泥和黏土之上，每年掘井太多，地下水大量减少，造成地面下沉加快。此外，工业造成空气污染及海水污染也较为严重，致使城市建筑物和艺术品表层脱落而损坏。近年来，当地政府多次呼吁联合国教科文组织能给予经济援助，排除环境污染，对日益脆弱的水地质给予保护。

救救“水城”威尼斯！

记者手记

看到这么美丽的城市正在一天天受着水质的污染，受到因水地质破坏而造成的生态失衡，随时有被潮水吞没的危险，我们的心沉沉的。

这座建筑在118个小岛上的威尼斯城，不只在建筑上它是世界独一无二的城市，那无与伦比的15个世纪的光辉历史使它产生无可比拟的吸引力。这个海上共和国发明了一种政治制度（多加托政体），这种把专制与民主混合在一起的体制居然持续了1 000年。它所具有的政治与商业能力远远扩展到地中海以外，一直到亚洲。威尼斯由于拥有快速的帆桨战船，堪称“海洋皇后”，也是东西方文化沟通上的关键和巨大桥梁。

今天，威尼斯显而易见的衰退也许是不可挽救的。水位高涨的严重危险，辉煌的宫殿建筑被侵蚀的现象，居民从真正的城区出走他迁；工业没有起飞，人们必须在服务业方面求生存。可是威尼斯，在水与历史的不确定但光芒四射的相遇中，恒常不变地保持着那种盖世无双的自然环境以及高度的文化吸引力。

旅游业依然在成长，从全世界各地来参观威尼斯，是一个永不会下沉的梦想。

但愿这个“梦想”能永远定格在水城威尼斯上空！

从监狱走向浪漫的叹息桥

威尼斯，船是车，河是街，小桥便是一个个纽带将无数小岛连成一片，组成了颇具特色的水城——威尼斯。而在这数不清的小桥中，却有一座石桥特别吸引游客的注意。它以独具特色的历史意义而在众多小桥中脱颖而出，成了威尼斯的一个著名景点，它就是曾使罪犯们闻听丧胆的叹息桥。

早在 16 世纪初叶，威尼斯共和国便已决定修建叹息桥，因为宫内那些监狱显得太狭窄，而且不卫生，一直拖到 17 世纪初才建造完成。叹息桥是一座全封闭式的巴洛克式的石桥，它架在公爵宫与监狱之间的小河上，是历史上死囚奔赴刑场的必经之路。该桥最显著的特点是桥上有两条通道，中间由墙壁隔开。其中一条是从监狱走向审判庭，另一条是从审判庭回到监狱。

桥由白色大理石建成，从远处望去，由于桥被全封闭，看不到桥面，只看到桥身，精雕细琢，颇为美观。而它横跨的两座建筑物却黑白分明，形成鲜明的对比。一座是通身刷了黑漆的三层楼监狱，铁窗紧闭，阴森恐怖。据介绍，监狱被称作井状斗室，既潮湿又狭小，极不卫生。不可想象当年那些死囚们是如何在此度过残生。而另一座却富丽堂皇，白色大理石砖墙使该楼辉煌依旧。这就是当年审判犯人的总督府。时至今日，在这里仍可看到两处“狮子口”，从这里能投送匿名的控告书，并且在监狱的墙壁上可看到犯人书写的恐怖词句。

“这里曾关押过一位著名的作家，他叫卡萨诺瓦。他由于思想自由并冒犯了宗教而被判刑，关押在死囚牢里。在那极度惊恐和黑暗的日子里，他凭着自己的智慧和勇气，死里逃生，从监狱里逃了出来。尔后流浪于欧洲各国，完成了以监狱生活为素材的《回忆录》一书。书中详细披露了犯人们被多次严刑拷打后又被关进监狱的地狱般生活。”

导游的介绍，为叹息桥增添了另一种神秘的色彩：卡萨诺瓦是怎样避过戒备森严的狱吏，在一个月黑风高的夜晚，锯断最后一根铁栏，悄悄翻窗落进大运河，潜进河水里，又悄悄爬上河岸，然后像猎鹰似的迅即逃往远方……自由在那一刻是显得何其宝贵。赢得了自由就赢得了生命。可谓生死攸关、惊心动魄。

假如卡萨诺瓦未能逃出监狱，他将会面临另外一种情景：在处决前的短暂时刻，狱吏会准许卡萨诺瓦与自己的亲人诀别。在这生离死别之际，卡萨诺瓦定会对亲人伤心泣诉，泪水湿透囚衣，真是一语断肝肠，一水隔生死。当卡萨诺瓦与亲人永诀后，刽子手会迅即用刑，一把锋利的大刀将头劈断，连同尸体抛入停在桥下的船中，再运往大海喂鱼。在行刑前片刻，桥下过往的船夫会听到桥上死囚临刑前发出的叹息声，此桥即取名为叹息桥，后，名扬四海。

对生命的留念，对自由的渴望，对信念的追求，使卡萨诺瓦告别了叹息桥，走向了新生。

“能否到桥上去看看?”我提出这样的建议。卡萨诺瓦的传奇故事，使我有了一种想亲自去看一看的感觉。

“不能。那里禁止通行。”导游回答得很干脆。

“这只能是一个景点了，在那里无声地诉说着那段骇人听闻的历史。”我又说道。

“也许吧。历史终究是历史，这一切已经不会再有了。不过，在任何国家里，只要你触犯了刑律，你都会受到惩罚。或许，留下这座桥是给今天的游人们提供了一种警示吧!”导游意味深长地说。

桥下，清澈的运河水在静静地流着，三两只小艇在河里轻轻摇曳。当小船穿过叹息桥时，你会发现，那对对恋人乘坐的小船在阳光的照射下，与叹息桥一起组成了一个独特的景观。

叹息桥已不再叹息，留给现今游人的，只能是“浪漫”的代名词了。

记者手记

在总督府的正面墙上，雕刻有一尊正义之神：他右手执剑，左手擎天平，天平代表公正的法律，宝剑代表斩杀邪恶。

“崖上和崖下只相差一步。”叹息桥离自由之路也只有几步之遥。

一念之差和秉性忤逆看似有区别，但只要触犯了刑律，同样罪不可赦，犹如“五十步笑百步”。卡萨诺瓦因思想自由而触犯宗教被判刑，当属另类，自不在犯罪之列。

这是一个定律：一切邪恶都将受到惩罚，一切善事都应得到回报。

珍惜自由，就不要为非作歹行事；珍惜生命，就要堂堂正正做人。

叹息桥，留给世人的一面历史明镜！

美哉，圣马可广场

圣马可广场是威尼斯的心脏，它既是客厅，同时也是剧院和招待贵宾的荣誉庭院。这里组成了威尼斯最杰出的建筑群，号称是“当年豪华的威尼斯共和国的代表”。集中在此处的有象征宗教意义的圣马可大教堂、代表政治权威的公爵宫、显示司法威力的法官官邸和拥有文化氛围的圣马可图书馆。据介绍，当年曾在这里举行过游行、列队、礼仪、节庆、表演，还执行死刑。著名的有六月初耶稣圣体圣血节的圣体游行，以及“海洋统帅”的就职典礼。每当狂欢节期间，圣马可广场就变了样，充满了活泼气

圣马可广场

氛：有牛与人推车的赛跑，有销售者的吹嘘喧嚷声，有踩高跷的人以及外来的稀奇动物。整个广场变成了一个欢乐的大舞台。

遥望圣马克大广场，首先扑入眼帘的是两根挺拔的圆柱，高耸在广场入口的两侧。东侧圆柱上挺立着一只振翅欲飞的青铜翼狮。这个威尼斯城徽上的飞狮，左前爪扶着一本圣书，上面用拉丁文写着天主的圣谕：

“我的使者马可，你在那里安息吧！”

相传飞狮原为马可的坐骑。马可因传教被斩首后葬于威尼斯。为了纪念他，后人就以飞狮来代替圣狄奥多尔，作为威尼斯的保护神。

根据《圣经·新约》记载，马可是耶稣传教时的12门徒之一，著有《马可福音》。《马可福音》是在罗马基督徒遭受严重迫害的背景下写成的。公元64年冬罗马城发生大火，将全城14个区中的10个区烧毁。当时有传闻说大火是尼禄皇帝暗中指使人点燃的，但为掩人耳目，尼禄下令缉捕基督徒当替罪羊进行残酷迫害。这时马可著书，给当时处于危难、悲哀的信徒指明了方向，对基督徒们顽强地同命运抗争起到了重要的作用。

西侧的柱子是拜占庭统治时期的保护神——圣狄奥多尔像。听导游讲，凡进入广场参观的游客，进来时可从两根柱子中间穿过，回来时就只能绕过圆柱，不能再从中间出去。原因是，过去在广场执行处决犯人后都是将犯人尸体从柱子中间穿过，送上小船，再抛入大海，意即从中间进来

时，是进入天堂，出去如从中间走，是走入地狱。我看不少游人仍无意间从柱子中间出出进进，谁也不在意那些令人心跳的谶语。

石柱一侧的圣马可图书馆，是意大利最具浪漫色彩的建筑，它把古典的壮大性与威尼斯风格融合到一起，突显出了陶立克式的拱廊，长排的窗户以及顶端的平台。里面收藏了100万册书，有宝贵的航海地图、珍贵的艺术品等，其中有格里马尼日课程本，这是15与16世纪荷兰的艺术作品。另一侧是闪耀了四个世纪的欧洲中世纪最杰出的建筑之一——公爵宫，整个建筑分作三层：下部是尖拱柱廊；中间一层是具有曲折拱和哥特孔穴的凉廊；上层的光滑墙壁具有极美丽的红色拜占庭风格的白色城垛边饰。当年，威尼斯政府每届新任执政官都要在公爵宫的战神与海神雕像大厅举行就职庆典。遥望此宫，其华丽、美观、宏伟，可以想象出威尼斯共和国全盛时期非凡的荣耀和豪华的气派。

越过连接圣马可图书馆和公爵宫的小广场，便步入了世界著名的圣马可广场。广场呈梯形，长近90米，宽约55米，将一群群壮丽华美、造型精湛的宫殿建筑拥在怀中。

其中圣马可大教堂是最宏伟、最富丽、最独特的建筑，它是天主教堂重要的教堂之一，享有“世界上最美的教堂”的美誉。它建于公元832年，那时威尼斯人为了隆重纪念圣马可的遗体，特地在此处修建了这座教堂，于是圣马可便成为威尼斯城的主保圣人。在圣马可大教堂五座半圆形的大

门上方有五幅制作精美的马赛克图画，集中反映了当年人们怎样将圣马可遗体从异教徒手中抢回，又如何隆重将圣马可遗体抬进教堂的情景。

在圣马可教堂正门的拱门上层中央，有四匹造型优美、形态各异的金色跃马铜像，原是威尼斯人在公元1204年（第四次十字军东征），从君士坦丁的竞技场取回来的。这四匹金色铜马，曾被拿破仑掳掠到了法国，安置在巴黎广场上达17年之久，直至拿破仑战败后，才又被奥地利人拿回威尼斯。从那时直到现在，它们一直都在教堂上，象征着威尼斯的力量与权力。但这四匹铜马是复制品，原件早已收藏于圣马可博物馆。

走进教堂，我们发现教堂像一个大十字架，很空、很大，没有坐椅，又静又暗。在教堂上半部墙壁和圆形屋顶上，都镶有用黄金或玻璃制成的马赛克拼饰画，这些美丽的马赛克拼饰画和稍暗的教堂内部形成强烈的对比，使它们看起来更为闪亮。其中最令人赞叹的拼饰画是《耶稣的洗礼》和《萨洛梅的舞》，在这两幅画里有仿效哥特式风格的图像。最令人称奇的是耸立在殿顶上的那五个圆顶，每个顶端都设置了具有东方风格的灯笼式天窗，其顶端竖立着闪烁光芒的交叉式十字架。圆顶给教堂添加了不少东方风格。从中，我们也可以看见东方和西方两种不同文化是如何互相影响、互相融合的。

别具特色的钟楼与教堂毗连，它建于15世纪末。20世纪初它曾突然倒塌，各界人士慷慨资助，此楼又很快得以恢复。钟楼正中间安置了巨大的时钟，它的上面有圣马可狮子雕像，顶端有两个敲钟的“摩尔”雕像，他们身着罗马古装，右手持锤，左手扶铁棒，在指定的时刻将大钟敲响，为威尼斯增添了不少生活气息。据说，这座时钟楼是由卡罗与保罗·拉尼埃利兄弟二人设计的，传说后来他们二人被弄瞎了眼，因此，便不至于再在他处建造这样伟大而完美无缺的作品。这座时钟不只是标示小时时间，还指示月份及黄道星座：这对水手们很宝贵，因为它指明了海潮以及出海的时刻。

在圣马可教堂斜对面的大钟塔，是威尼斯最高的建筑物。它巍然矗立，高耸云天，像一位威武的守卫者，护卫着圣马可大广场。它高达 99 米，人们乘电梯可上到塔顶，尽览全城和礁湖上美丽至极的风景。

圣马可广场除了豪华的建筑群外，广场上那群群翩飞的鸽子也构成了广场的一大风景。这里鸽子之多、之密，远远超过法国卢浮宫门前的鸽群，堪称威尼斯的奇观。我在法国参观卢浮宫时，就听一法国朋友说起一个有关鸽子的故事。他说，法国人从来不吃鸽子，认为鸽子是最脏的鸟。外来的人要是吃了鸽子就证明这个人心最坏，然后会将他送回原籍，永世不得再踏法国国门。一个温州人初到法国，不懂法国规矩，见这么多鸽子，就随手捉了一只在家里蒸了吃，谁知被法国邻居发现了，举报到移民局。该小子不走运，被当地政府遣送回了大陆。从此，与法国彻底"拜拜"了。

这故事听来有点令人捧腹，但说明一个问题，不能随便捕杀鸟类，保护小鸟是全人类共同的责任。

广场上那群群翩飞的鸽子真是可爱。我见有人在卖包谷，2 000 里拉一包。我买了一包，将谷粒洒在地上，还未等我回过神来，一大群鸽子便铺天盖地地把我团团围住，有的在头上盘旋，有的在身边缭绕，有的就干脆站在肩上、手臂上，"咕咕咕……"叫个不停，其声特别清脆，像是在竞相歌唱。转瞬间，那一地的谷粒便没了踪影。牙医也如法炮制，被群群鸽子包围，乐得他发出了开心的笑声，连叫我"拍照，拍照"。

圣马可大广场，历经 9 个世纪而越发宏伟壮丽。正如一位智者所说："这里许多伟大而喜悦的事物是看不见的，但它可借助广场上的每一块石头说话，因为就建筑上来说'一切技术和所有材料'这里都有。"这或许就是圣马可大广场的魅力所在。

记 者 手 记

圣马可广场上那极富古典色彩的华美建筑群，是威尼斯富强的历史以及共和国荣耀的一个缩影。尤其是镶嵌在圣马可教堂内外的马赛克拼饰画，更是一件件精美的艺术杰作，使整座建筑都金光闪烁。

早在1275年，马可·波罗便到达中国，从此在中国居留长达17年之久。1295年他回到威尼斯，将中国文化带回了故乡。从圣马可教堂的建筑上看，也深受西方及东方的影响。东西方两种不同的文化便巧妙地移植在这座教堂里。圣马可大广场因圣马可教堂而名声远播。可以说，圣马可教堂是圣马可广场上最耀眼、最灿烂的一颗明珠。

当年拿破仑统治威尼斯时，称威尼斯为“举世罕见的奇城”，圣马可广场为“世界上最美丽的广场”。

当年狄更斯来到圣马可大广场时，曾在弗洛里安咖啡馆喝咖啡，要价是8美金1小杯。如今，德国人来旅游，会拿着狄更斯的书到咖啡馆去喝咖啡，不知是否希望老板能给他来点折扣?

如今，当我坐在当年狄更斯坐过的咖啡馆向外看，会发现远处的人和建筑融为一体，恰似中世纪威尼斯艺术大师们画作中的斑斓色彩。

圣马可广场，无处不美，无处不画！

神奇的吹玻璃表演

“等会带大家去看威尼斯最出名的穆拉诺生产的料器，他们的吹玻璃表演，是威尼斯人的一项独特技艺，在世界上颇负盛名。”导游带着我们穿过一处处幽巷，经过七拐八弯，我们来到了一座两层楼的小屋，走上二楼后，只见满屋全是精美的玻璃器皿。

“等吹玻璃表演完后，大家再参观一下，若要买，可以给老板谈价，一般可打 8.5 折。”导游将我们介绍给一位满头金发的长者。这位长者满脸微笑，一副儒雅的样子，蛮可亲。

长者对我们的到来表示非常欢迎。他说，吹玻璃是一种祖传工艺，只传男不传女，一代一代传下去，大约要学 15 年左右方可称为玻璃制造师。“我小时候，每当放学后，都要看父亲如何制造玻璃，慢慢看，慢慢学，再经过实践，才能逐渐独立操作。这是一种要求十分严格、技艺非常精湛的工艺。”这位长者对身边的一位工匠说：“开始吧。”

这位早已等候在此的工匠手持一根带有小钩的长铁杆，将磁料钩住送进温度高达 1 200 度的火炉中，少顷，磁料融化，工匠迅速拖出，放在铁墩上，一手用工具拉着磁料，一手用钳子拉制造型，几分钟后，一尊精美的骏马就活脱脱地站立起来。“哇，真美，真像！”人群中有人叫起来。

“此时的温度，仍高达 800 多度。如要在骏马上镀一层金粉，只需再放到 600 度的熔炉里去烘烤，磁料与金粉便融为一体，再怎么打也打不烂，金粉也掉不下来。”长者刚说完，工匠已将手中的骏马镀上金粉，放进了另一只炉子里。

为了说明威尼斯玻璃品质量好，老者当场从玻璃柜中拿出一只罗马尼亚生产的镀金玻璃杯，同时他也拿出威尼斯生产的镀金玻璃杯。“这是假的，金粉一碰即掉。”老者拿着罗马尼亚的玻璃杯“当当”敲了两下，金粉便掉了下来。他又拿起威尼斯的玻璃杯，在台面上敲了几下，玻璃杯上金粉一点也没掉。“这个杯很贵，要几十美金。一套玻璃器皿要几百美金。”导游解释道，“不过，这里产品的质量确实很好，出口世界几十个国家。”

这使我想起1997年，我到加拿大去时，在边境城市尼亚加拉市也看过一次吹玻璃表演，不知那位师傅是不是从威尼斯学的，其制作的手法和工艺都极其相似。

“这种产品生产的历史大概有几百年了吧?”我问长者。

“穆拉诺生产的料器，已有700多年的历史。它最早生产于1291年，16世纪生产达到顶峰，那时有37个料器加工厂，居民达3万之多。如今，穆拉诺生产玻璃器皿仍保存着传统的人工吹制法。”

“玻璃厂离这儿多远?”

在威尼斯北边1.5千米处，穆拉诺是一个岛，人口约7 000人，其中料器厂就有2 000多名工人。早在13世纪时，威尼斯政府就颁布法令，规定在威尼斯市区里的玻璃工厂迁到穆拉诺岛，这是因为工厂时常引起火灾。当时穆拉诺岛已经有人居住，但是后来又有许多贵族在这里建别墅、修道院和教堂。穆拉诺因为生产玻璃才闻名于世。

大厅里的玻璃柜上摆满了大大小小的穆拉诺玻璃品，有镜子、吊灯、水杯、水果盘、各类花瓶；奔马、牛、羊、天鹅等动物鸟兽；各种奇花异草；歌剧舞剧演员、历代帝王将相、宗教人物以及项链、耳环等装饰品，可谓应有尽有、琳琅满目。

这时，那位工匠已离开了表演室，炉子里那匹镀金的骏马正在经受火的熔炼，是否真要“百炼成金”了?

我们都颇感诧异，这工序表演还没完，最后的成形产品还没看到，工匠怎么就不辞而别了呢？

长者大概看出了我们的疑惑，笑着说：“现在放进去的这匹马，要慢慢退火，等24小时以后才能取出来。如马上取出来就要炸。”

没想到，工艺还这么复杂。看似简单的工艺品，其实蕴藏着不简单的生产过程。

在随后的参观中，我发现团里的游客谁也没买玻璃器皿，不知是嫌太贵还是怕路远不好带。总之，威尼斯的“水城”之美使精美的穆拉诺料器也相形逊色。这不能不说是一种遗憾！

记者手记

古人曰：“术业有专攻。”威尼斯人的吹玻璃制造法，确实有其独到处，其工艺的先进和完美也堪称一绝。不然，这种非常传统的产品何以能保持至今？且生产的产品质量优良，又能远销世界各地，不能不说这是威尼斯商人的精明过人之处。

一方水土养一方人。每一个国家都有它传统的工艺法，像中国的漆器艺术、巴黎的时装服饰、荷兰的木屐等。只有保持个性，才能保持特色，所谓“只有民族的东西才是世界的东西”，是也。

这或许是吹玻璃法留给我们的一点启示。

古罗马写意

“条条道路通罗马”，一句经典的话曾使古罗马扬名世界。如今，我们驱车抵达罗马时，连日阴霾的天空骤然明朗起来，罗马的道路也在冬日阳光的照射下，仿佛宽畅了许多。

三千年的历史，使罗马城名副其实地成为世界上最古老和最重要的城市之一。

在罗马产生了一种语言——拉丁文，在文化上它处于支配地位长达两千年；在罗马产生的法律启示了整个西方世界的法典；最先进的国家多少世纪以来都把罗马的艺术和建筑风格当作楷模。该城所产生的影响力，在西方历史上没有谁能比得上。它起先是罗马帝国中心，后来是天主教中心地。

罗马留影

但是罗马城的诞生却充满了神秘，就连它的名称也是一个谜：它是否来自“斯特罗马”，也就是“河城”之意？抑或是来自埃特鲁斯基名称“鲁马”？或者来自神话中的罗慕洛？因为传说他和他兄弟勒莫一齐创建了罗马城。

就在我们前往罗马市场途中，在许多建筑物上看到母狼哺乳两个婴儿的雕塑：两个赤身裸体的婴儿正半蹲在母狼胯下，吮吸狼的乳汁，其憨态活灵活现。我们甚感诧异，在询问导游后，导游给我们讲了罗马起源的这段典故。

关于罗马的起源，流传着动人的传说。希腊人用木马计攻占特洛伊城后，特洛伊王的后代流落到意大利，并建立了一座叫阿尔巴龙伽的城镇。特洛伊王的子孙为了争夺王位，发生了争斗。弟弟阿穆利乌斯取代了他哥哥努弥托尔的统治。为斩草除根，阿穆利乌斯残酷地杀害了努弥托尔的儿子，并逼迫其女儿当了女祭司，终生不得婚嫁。但事与愿违，努弥托尔的女儿竟生下一对孪生儿子，这就是罗慕洛和勒莫。阿穆利乌斯得知后，便下令仆人将这对双胞胎装到篮子里扔到正在泛滥的台伯河中。篮子漂到岸边，一只母狼去河边饮水，见到这对弃儿，便慈爱地低下头来，用长长的舌头舔干了孩子的身体，并用自己的乳汁喂养了他们。为了铭记这一历史故事，罗马城徽的图案就是母狼哺乳两个婴儿。罗慕洛和勒莫兄弟俩长大后，着手建造城市。在他们当初被抛弃的台伯河畔，相继建起了“七丘之城”。由于两人在建城中的严重分歧，最后，罗慕洛杀死了勒莫，将自己建造的城市起名为罗马。罗慕洛成了罗马的第一任国王。

漫步在罗马广场上，我感慨三千年的历史转瞬即逝，而历史的遗址却宛然在目。当年这里有元老院、法庭、庙宇、宫殿及数尊雄伟的凯旋门等，真可谓世间稀有的“露天历史博物馆”。遥想当年在这块被排干的沼泽地面上，罗马建造了自己的广场，也就是整个城市的政治、宗教与商业活动中心。就是在这块土地上，建立了古罗马政权。这儿是人类文明的发源地，西方古老的文化、计数、度量、货币以及古代西方最完善的国家形式和法律制度都产生于此，从此罗马便慢慢地征服了整个西方世界。

古罗马帝国于公元476年灭亡之后，古罗马广场多次遭受入侵蛮族的破坏，财宝被掠夺，许多宏伟的建筑物和无数精美的艺术雕刻被尘土埋没。昔日繁华的街道变成布满树丛和野草的废墟，满目疮痍，难以辨认。直到18世纪后，经考古学家们100多年的辛勤发掘，古罗马广场才得以重见天日。

在罗马著名的圆柱广场上，高达30余米的图拉真石柱可能是古罗马艺术杰作中最特殊的一件。它用一条缠绕在石柱上的连续浮雕石带来述说历史，且以螺旋形式围绕着石柱从下向上和从左向右来阅读，总共有23圈。雕刻的内容都是表现图拉真皇帝作战时的情景，也就是说，修建圆柱，是为了纪念他战胜野蛮人的战功。石柱为空心，内有一个螺旋梯，供人们攀缘直上。后来由于观光的客人太多，为了安全，也为了保护文物，早已禁止攀登。为了内部的光线，周围设有无数细小的窗口。石柱顶上原来竖立着图拉真皇帝的雕像，后来教宗西斯托五世于1587年把它换成了我们今天看到的圣伯多禄宗徒雕像。

纳沃纳广场是巴洛克风格的罗马市宫中的“掌上珠”，这里有一座规模宏大的宫殿——庞菲利宫，一座备受世人青睐和仿效的教堂——圣阿里塞教堂和一座同罗马另一个著名喷泉——少女喷泉齐名的四河喷泉，它们是这里的精华。

广场的形状是模仿古代的多米齐亚诺竞技场，因为广场正是在竞技场的废墟上建造起来的。从中世纪以来一直被称作城市的心脏，许多著名的巴洛克风格的艺术大师都在这里留下了他们的天才杰作，其中最有影响的是贝尔尼尼和波罗米尼。广场雍容华丽、平坦开阔。三座分布在广场上的巴洛克喷泉的雕塑尤为动人，水花清亮，而那些围绕在四周的华丽教堂和宫殿姿态万千，衬着四季五彩缤纷、鲜花似锦的广场，使它魅力无穷。

保存得最完整的和最神秘的古罗马帝国的古迹当数万神庙。

这座古建筑是为纪念奥古斯都皇帝远征埃及的战功而兴建的。它的历史比斗兽场还要早 100 多年。据说，保存完善的缘故是因为这座庙从 609 年以后便变成了一座奉献给圣母的教堂，所以一直受到教宗们的宠幸并得以保全下来。庙里还埋葬了好多位艺术家，尤其是拉斐尔，使万神庙更具魅力。1520 年 4 月 6 日，年仅 37 岁的天才艺术家拉斐尔溘然去世，当他预感到死神一步步朝他走近时，他低声向周围的人表达了在万神庙安息的愿望。如今，他的墓设在庙内第五个壁龛和第七个壁龛之间，这是大师自选的位置，因为每天最后一缕阳光将洒在这里。

西班牙广场、博尔盖塞博物馆、君士坦丁凯旋门、圣天使城堡、奥斯蒂亚古城……真是难以一一穷尽古罗马恢弘壮观的古建筑群，它把古罗马遗址、中世纪的建筑、文艺复兴时代的宫殿楼宇、巴洛克风格的大小教堂和现代化的公路、地铁、火车站以及许多高大的建筑物等如此和谐、完美地混集在一起，成为一座将历史与传统、古代与现代融为一体的“永恒之城”。

所谓“永恒之城”，即古罗马自公元前 753 年 4 月 21 日建城，直到 5 世纪西罗马帝国灭亡之前，罗马城从未被外族攻占过，因而罗马人十分骄傲地把罗马称为“永恒之城”。但“永恒之城”最终被毁在自己人手里。据介绍，罗马帝国的灭亡关键是酒，长期饮用用铅制成的桶装酒，引起铅中毒。另外，当时罗马最大的一个洗浣可容纳 3 000 多人。“三陪小姐”随之而起，性病泛滥，士兵们耽于享乐，意志消沉，又丧失了战斗力，一个兴盛的罗马帝国逐渐走向了灭亡。

但罗马的文明永存。虽然山河变迁，朝代更迭，帝王将相早已作古，但古罗马建造的斗兽场、凯旋门、万神庙等依然存在，保存尚好，它们在世世代代的风雨飘摇之中，无言地诉说着千年古城辉煌的过去……

记 者 手 记

伟大的德国思想家歌德曾说过：“巴黎是我的中学，罗马是我的大学，谁看见过罗马，就看见过了世界！”

这话一点不假！只有亲临罗马的人，才会有这种切身感受。

罗马，世界上最大的博物馆城市，如今已不是奥古斯都大帝留下来的“大理石城”，也不是教皇统治鼎盛时代的以豪华教堂为主要建筑的城市，而是一座现代化的古城。世界上没有第二座城市像它一样，能让历史留下的痕迹如此和谐地交融到一起。

走进古罗马，你发现你走进了一座迷宫，那里有无以数计的宝藏，闪烁着光芒。每一颗珠宝都是一本宝贵的历史教科书，无数珠宝将会使你满腹经纶、学富五车。

走进去，那里有古罗马最璀璨的珠宝在等着你采掘！

血腥的古罗马斗兽场

斗兽场，是罗马行的必去之地。不然，何以会有到罗马，不游斗兽场，等于未到过罗马一说。这个被称为世界八大古迹之一的名胜，是古罗马建成以来迄今遗留下来最卓越的古罗马建筑代表，也是古罗马帝国永恒的象征。

有人说过，只要你抓一把斗兽场里的泥土，轻轻地一捏，就可以见到印在手上的血迹。足见斗兽场的血腥和惨烈。

我们去的时候，阳光还隐在云层中。门口已有几名身穿古罗马制服的年轻人，手持短剑和盾牌在斗兽场和凯旋门之间徘徊。据导游说，这是为游客提供的照相道具，你只要和他照上一张相，他们便会向你索取报酬。

穿过底层的圆拱门，我们进入了由台阶组成的入口处，赫然映入眼帘的是场内那残破不堪、满目疮痍的荒凉景象。电影中那恢弘壮观的场面和华丽的设施已荡然无存。不过，我们还是幸运地看到了一点残迹，印证着当年这里曾经有过的“辉煌”。广场中心的圆形地下层中低矮的断墙和窄小的过道，曾一度是地牢和牲畜棚，上面由木制的大块活动地板遮住，这个神秘而阴暗的底层是所有表演的组织中心，木车、关猛兽的铁笼、角斗士们的盔甲和刀剑都集中在这里。许多精心削平的木板上巧妙地用钉子和铁片固定了人造的假山、岩石、树林、灌木丛等，它们不时地从地下层里旋转出去，升到上层，作为搏斗的背景和藏身处，使表演更趋自然、真实。在有野兽加入搏斗的时候，中央的竞技场地四周将围起坚固的栅栏。帝国海军的水手们会升起帐篷，保护观众不受日晒。

“恺撒万岁！将死去的人们向你致敬！”角斗士们高举着手中的兵器齐声呐喊着，其声音既高亢又悲壮。在面对即将来临的死亡面前，他们不容许有半点踌躇，与其作为战俘或奴隶默默无闻地死去，不如拼死一搏，或许还有自由的一线生机。然而无数人面对的只是死亡，鲜红的血洒遍场内，凝结了一层又一层沙土；阴暗的地道里曾驰过一队又一队的野兽，蹄声和沉重的喘息声渐渐远去，展现在面前的依然是默默无声的无辜废墟。

这一座露天圆剧场是古罗马最美丽和最雄伟的建筑物，是古罗马帝国在征服耶路撒冷后，为纪念其伟大胜利和强大的武功，由维斯帕西亚诺皇帝下令强迫 4 万多犹太俘虏建造的，历时 8 年之久。由于修建竞技场的两个皇帝以及后来完成竞技场最后一层建筑的都属于费拉维奥家族，又称“费拉维奥露天剧场”。然而，相传这座庞大和坚固的剧场建成后，其设计师高齐奥却被“活活地喂了野兽”，可见罗马帝国之残暴和专制。公元 3 世纪和 5 世纪，由于雷击和地震破坏，斗兽场曾修缮两次。此后，又频频发生地震，这里曾一度成了罗马采石场，很多基石被人拉走。直到 1740 年，教皇贝内德托十四世当政后，宣布斗兽场为圣地，禁止采石，才避免了斗兽场被拆毁的厄运。

斗兽场确实是一个杰作，呈椭圆形，长直径 188 米，短直径 156 米，外围高 48.50 米，周围有 80 个入口，能容纳 8 万观众。外圈的墙是由石灰砌成的，共分三层石柱拱廊，最下层是陶立克式，中间是爱奥尼亚式，上层是科林斯式。顶端还有一个巨大的帐篷来遮盖观众，帐篷是用粗绳索系在缆椿上的，也就是被固定在圆剧场外边的粗柱子上的。据说，在古代的时候，第二、三层每个拱门洞中有大理石人物雕像一尊作为装饰，其姿态各异、威武英俊，使建筑显得既宏伟又不失灵秀，既凝重又空灵。整体看

上去颇像一座现代化的圆形运动场。

据记载，公元 80 年斗兽场落成揭幕之日，举行了为期 100 天的庆典。古罗马统治者驱使 3 000 名奴隶、战俘、罪犯组成角斗士同数千头凶猛的野兽进行厮杀表演，以供他们欣赏取乐。结果，数百名角斗士死于露天剧场的大台上的“沙场”。公元 249 年为纪念罗马建城 1 000 周年在此举行了庆典。有 1 000 对角斗士参加，但从统计的被杀死的 210 头牲畜数字上看，角斗士死伤肯定很惨重。这个由成千上万名奴隶建筑起来的剧场，成了奴隶与奴隶、奴隶与野兽、野兽与野兽厮杀、角斗，奴隶主、皇帝和显贵们寻欢作乐的场地。一直到公元 405 年，这种野蛮的娱乐活动才被西罗马帝国皇帝霍诺留宣布停止。

为了鸟瞰斗兽场全景，我们沿着宽大而略显陡峭的黑乎乎的

大理石台阶，一直上到了斗兽场的高层。放眼望去，其高耸的围墙已残缺不全，角斗士与猛兽生死搏斗的舞台和罗马市民贵族的座位也已残破不堪，褐色的场地显得荒凉，昔日豪华壮观的场面已被“雨打风吹去”，只剩下一个空荡荡的石头架，在那儿形销骨立，顾影自怜，一副“凄凄惨惨戚戚”的感觉。只有东北部的建筑至今还基本保存完好。在它的南面有一条由黑石铺成的路还保持着当年的原始风貌。它的右侧是宏大的君士坦丁凯旋门。从斗兽场高处看，可以清楚地欣赏到那高大建筑上的精致浮雕。凯旋门是古罗马帝国用来显示其强大军事实力的标志，而君士坦丁凯旋门是现存的最完整、最雄伟的一座，建立于315年，是为了纪念君士坦丁皇帝战胜马森齐奥军队的辉煌胜利而建的。

一块远来的铅灰色的厚厚云层又遮住了已露出半边的日头，它显得很重很低，仿佛要压倒这孤傲、冷清、颓败的城墙。一个个拱形的圆门冲着我们大开着，像是一只只张着大口的狮子，正欲冲进场内，再与人类进行一番厮杀。四周的一切，我们都感到有一种肃杀的血腥气味，难以想象当年成百上千的角斗士们是如何战战兢兢地面对死神的降临。毕竟那无数角斗士的鲜血和惨烈的嘶叫使这座古建筑的存在如此苍白无力，如此卑贱渺小。斯巴达克思式的角斗士们，曾在这里左手持盾，右手挥剑，与凶猛的野兽决一死战。洒在黄沙上的鲜血的腥味更刺激了野兽的欲望，它们变得更狂怒、更暴躁、更凶险、更贪婪，也更敏捷，无数鲜活的肉成了它们口中的佳肴。而身披锦衣彩袍，头顶花冠，手持金杯，冷眼看着角斗士们与野兽搏斗的皇帝和贵族们却面带微笑，对每一个失败的角斗士，只需轻轻地将大拇指往下一按，一个活跃的生命脆弱得如同场上的一捧黄沙，顷刻间灰飞烟灭！

这是古罗马历史上最黑暗的一页，也是古罗马历史上最耻辱的一页！

这就是古罗马的斗技场
它延续了多少世纪

谁知道有多少奴隶

在这个圆池里丧生……

1997年，著名诗人艾青访问罗马，写下了这样悲怆的诗句。

如今，古罗马斗兽场已经成了历史的遗物，像战后的废墟，沉浸在刚从云端里钻出来的落日的余晖里，在无声地控诉那段奴隶主奴役奴隶的历史。

记者手记

古罗马斗兽场，是古罗马历史上最黑暗、最悲惨的一个缩影。这里的每一寸土地上都屈埋着一个冤魂，这里的每一片天空下都有无数冤鬼在呻吟和呼号……

当笔者在写这篇手记时，耳畔仿佛仍萦绕着昔日角斗士与野兽搏斗的惨叫和哀鸣。

这一切的惨剧，仅仅是为了博得古罗马皇帝和贵族们的开心一哂。

假如历史没有更改，他们还将把“全人类都看做奴役的对象，整个地球就是一个最大的斗技场”。

江河不能倒流，日月不会逆转。留存斗兽场，是给后人留一个参照物。

皇帝和贵族们的残暴和卑劣，奴隶们的麻木和愚昧都写在斗兽场上，那就是“兴，百姓苦；亡，百姓苦”。后人驻足至此，哪能不发出“千古兴亡多少事，悠悠，不尽长江滚滚流”之哀叹！

美丽的"少女喷泉"

古罗马喷泉之多、之密，也堪称一大奇观。当年，城里共有14条大型水道供水。后来由于外族人不断入侵，且进城后首先断水。罗马人深感缺水痛苦，于是每修一段水道，便修一个喷泉。迄今为止，全市大小喷泉共有3 000多处，成了闻名遐迩的"喷泉之都"。其中最负盛名的当数特莱维喷泉，亦称"少女喷泉"。

少女喷泉的由来源于一个美妙的古老的传说。相传一队战罢归来的罗马士兵又饥又渴，四处寻找水源未果，一位热情的乡村少女见状，便把他们引到泉眼边。从此，这个泉眼便被称为"童贞之水"，它位于离罗马城墙10千米的东南方向。

伫立在少女喷泉前，目睹那最豪华壮观、最具丰富想象力的雕塑，那风姿绰约、充满动感的喷泉，简直称得上是音乐和舞蹈的化身，其喷射的水花使这种音乐和舞蹈更为形象化。这座喷泉是由尼科拉·萨尔维设计

的，于1763年正式完工。这一组雕塑都以波里公爵的楼层为依托，群雕的底基模仿了纳沃纳广场上贝尔尼尼的四河喷泉的岩石底座。从计划到完工，整整花了30年时间。

罗马的汉白玉雕塑，可以说是无处不见，其造型的优美，技艺的精湛，都堪称雕塑中的精品。同样，这一组大型少女喷泉石雕，是罗马现存最晚的一件巴洛克风格的杰作。喷泉中的雕塑表现的是海王得胜而归，穿过高耸的凯旋门时的场面。群雕中央是威武雄健的海王，他伟岸的身躯和健壮的肌肉体现了力量和勇敢，脚踏着巨大的海贝做成的马车。车由两匹生着翅膀的海马拉着，其中一匹高抬前蹄，头往后仰，拉住它的海神紧紧地挽住口爵子，由于用力，海神的身体也向后倾倒，这匹马代表着汹涌澎湃、野性未脱的河流；另一匹海马由平静地吹着海螺的海神牵着马鬃，它稳重驯服，是平静的河流的象征。海王的雕像是被树立在一个由四根圆柱支撑着的、布满浮雕的壁龛中的。海王的左右两侧相对矮小的神龛中，有两尊美丽的女神雕像，分别象征着“富饶”和“康乐”。富饶女神上部的雕刻表现了阿克里帕总督批准修造水道的情景。康乐女神上部的雕刻则表现出一名少女给罗马军人指点水源的情形。再往上有四尊女神浮雕，它们并不像许多人认为的是一年四季的化身，而是表现甘泉为人间带来的益处：丰饶滋润的田野、果实压枝的树和鲜花盛开的花园。喷泉的最顶端两名天使分立两旁，高高托起教皇的皇冠与徽章。

喷泉旁边游人如织，据说，这里是全城最拥挤的景点之一，就连我们照相也得轮流排队。不知是不是一池美丽的圣水使游人们想在这里找到灵感和机遇。凝望壁龛中的少女给罗马军人指点水源的浮雕，仿佛感到她正袅袅婷婷走下壁龛，没入一弯碧绿清澈的水池中，在她当年亲手指点的泉眼里，温馨的享受水的沐浴……

这是我们想象中的镜头，而真实的镜头在意大利影片《甜蜜的生活》里也同样表演过：漂亮的女主角安妮·埃克贝曾在晶莹的喷泉水花里沐浴，其浪漫风情迷倒了无数少男少女，乃至令

“少女喷泉”一度成了人们津津乐道的话题，也成了游客们最流连忘返的地方。

“如果你想再到意大利来，你只要背向喷泉向后投入水中一枚铜币，就能重返罗马。”导游边说边背向水池投入一枚铜币。

入乡随俗，我也背过身去向水池扔了一枚铜币。其他游客也纷纷效仿。说不准，明年或后年，我真的能重返罗马呢！

记者手记

少女喷泉是罗马喷泉中名气最大、也最具代表性的喷泉。那个古老而美妙的传说使该喷泉的水显得圣洁、清澈，也使慕名前来的游客的心变得更加虔诚。

今天罗马的喷泉之所以出名应该归功于巴洛克艺术风格上的爱好，因为这种风格把动力，就连水的流动也包括在内，看做是生命存在的意义。

喷泉使广场与公园增加活泼气氛。

喷泉使雕塑和大理石变成流动音乐。

记住一个美丽的少女告诉水源的故事，你就记住了位于罗马市中心美丽的“少女喷泉”。

意大利小偷

意大利的小偷可谓非常猖獗，叫你防不胜防，其中罗马的小偷独占鳌头，佛罗伦萨则屈居老二。

在前往罗马的途中，导游就一再提醒我们，千万要留神小偷。所以一进入罗马，我们都有点提心吊胆，人人自危，生怕不慎遭窃。幸好，罗马一行，大家警惕性蛮高，一天下来都相安无事。可进入佛罗伦萨后，警惕的弦就稍为松弛了，一不留神，我也领教了意大利小偷的“神技”。

繁华的西尼约里亚广场上，人群熙来攘往，各种肤色、各种服装的男男女女，为古典的西尼约里亚广场增添了不少现代色彩。一位肤色黝黑、身着浅黄色花纹连衣裙的中年非洲妇女，怀里抱着熟睡的婴儿，右手托起一个纸杯，在广场上四处溜达。

“这些要钱的人都是小偷，大家提防点。你看她怀里抱着看似婴儿的包，其实里面包的是一块石头。她上面伸手向你要钱，下面就从假小孩包里伸手掏你的钱包。千万不要产生怜悯，否则上当受骗！”导游再一次提醒我们。

真邪了！哪有抱着“石头婴儿”偷钱的呢？这手怎么伸也伸不到你兜里呀！我真有点怀疑意大利小偷的神技功夫了，也许是吹出来的吧，我心想。

和导游分手后，我在一小摊边买了几张佛罗伦萨的明信片，500 里拉一张，我买了 5 张。刚把剩下的钱放进上衣口袋里，一转身，见三位欧洲少女一字形排开，其中一人双手捧着一个纸兜，上面冒出几张纸币，正对着我缓缓走来。我正欲转身离去，那捧纸兜的少女已靠近身前，纸兜平平地送到我眼下，不用说就是向我要钱了，另两位少女也绕了过来。

看着少女那副可怜相，我不忍心，便从上衣口袋里掏出1 000里拉的纸币放进了纸兜里。

“Thank you!”少女嘴里喃喃道，眼睛里迸发出了一道异样的光。

“啪！小偷!”突然斜刺里蹿出牙医，他一下把少女已伸向我装有皮夹的裤兜里的手打掉。“还不快走，手都快伸到你裤兜里了!”

“我真的懵了！没想到眼前这么善良、这么可怜的少女会左手要钱，右手伸进你的裤兜。旁边两位少女显然是打掩护。真是集体行窃!”

我惊出了一身冷汗，赶紧转身就走。那三位少女却若无其事地又继续捧着纸兜，向行人乞讨去了。

“我的钱被扒了，丢了2 000美金。”这时，旅游团的一位女士气呼呼地走过来对我们说。“那小偷躲在厕所边，装着到卫生间去。我交钱时（上厕所要交1 000里拉），不慎被扒窃了。”说着，那女士急得狠狠地在广场上跺了几脚。

我下意识地用手摸摸裤兜，还好，钱包还在。我有点庆幸自己吉人天相，这倒要谢谢牙医的眼明手快，否则，后果不堪设想。

在旅行车上，导游给我们讲了一个故事，再一次印证了意大利小偷的厉害。前不久，一个从北京来巴黎留学的女大学生，毕业后，将自己辛辛苦苦打工两年挣来的血汗钱一部分兑换成7 000元美金，身上还有两万法郎。在男朋友来巴黎探亲回北京后，她自己只身一人到意大利旅游，然后准备再回北京。她把身上所有的钱分装在两个包里，结果，在罗马都被先后偷去。她一时傻了似的，在罗马广场号啕大哭。大家看着她损失那么惨重，同情之余纷纷解囊相助，有人捐100法郎，有人捐200法郎，导游管她每天的伙食，总算度过了难关。所幸的是，她的护照和身份证还在。你看这些小偷多精。

意大利的小偷真是无处不在，无孔不入，可真要提防呢！

记者手记

在西尼约里亚广场上的市政府门前，有一尊大力神抓小偷的塑像：大力神威风凛凛，右手握棒，左手抓着伏在胯下的小偷的头发。其意思是告诉政府官员不要贪污，否则小心抓出来示众，以抓小偷喻政府要廉洁，表示正义一定战胜邪恶。从另一个侧面也告诉了我们：意大利小偷实在是太猖獗，太无法无天！

每个国家对小偷只要现场抓获都会绳之以法，每一个公民对小偷都是切齿痛恨。可意大利小偷却到了公开，甚至作为一种谋生的职业手段而畅通无阻。这就与具有深厚文化底蕴的意大利有点格格不入了。这毕竟是在亵渎“人类从来没有经历过的最伟大的、进步的变革”的文艺复兴运动的发源地——意大利，也亵渎了但丁、薄伽丘、乔托、达·芬奇、米开朗琪罗、拉斐尔等一大批文艺复兴时期的杰出代表。

小偷，这个不雅的名词，实在是意大利的羞耻！

文艺复兴的摇篮
——佛罗伦萨

“佛罗伦萨是座美丽的文化古城。有人称罗马是政治首都，米兰是经济首都，佛罗伦萨则是文化首都。”接待我们的导游一见面就向我们介绍道。

这位来自山东的男导游，10 年前已移民意大利，但每年都要回老家看父母。他左腿有点瘸，不注意看不出来。人倒长得眉清目秀，30 多岁，普通话很标准。

早在 13 世纪时，佛罗伦萨就是欧洲的金融中心，毛纺业非常发达，是意大利最繁华的城市。15 世纪时，文艺复兴达到高峰，佛罗伦萨的经济也发展到了顶点。如今佛罗伦萨分为老城区和外城区，老城区被联合国教科文组织定为世界文化遗产，不能改变，基本上都保留了佛罗伦萨的原貌。现在的佛罗伦萨皮革制品非常著名，是典型的购物天堂。但伪劣品也很多，尤其是阿拉伯人、土耳其人和来自中国温州的一些人，他们在生产原料来自土耳其的低档皮革品。在阿尔诺河畔摆满了小摊，主人有不少是温州人。摆的小商品，价格虽便宜，但质量不可靠，我们谁也不敢买。

“相传佛罗伦萨是在恺撒皇帝时建立的，距今已有 2 000

多年的历史。‘佛罗伦萨’这个名字是恺撒起的，拉丁文是‘繁荣’和‘昌盛’的意思。”导游指着那一栋栋古典建筑说：“佛罗伦萨以历史、文化著称，到处充满优雅的艺术气息，整个城市就像一座大博物馆。它是欧洲文艺复兴的发源地。如果说欧洲是文艺复兴时期艺术的高峰，那么佛罗伦萨便是文艺复兴艺术的精华了。佛罗伦萨有许多著名建筑、雕刻、绘画，在43个博物馆、65所华丽的宫殿和很多教堂中，收藏着无数的艺术珍品。这个古老的城市养育了大批的建筑师、雕刻家、画家、文学家和诗人，如布鲁内莱斯基、乔托、提香、吉贝尔蒂，大家熟悉的拉斐尔、达·芬奇、米开朗琪罗、但丁等等。佛罗伦萨最著名的参观点有大教堂、老宫、比蒂宫、老桥和美术学院大卫像等。”

导游简单介绍完后，便带着我们参观各主要景点。在漫步中，我问导游：“我们过去在课本中读到的文艺复兴摇篮是‘翡冷翠’，是不是名字译音有所不同？”

“是的。中国学者过去曾按照发音把佛罗伦萨译成‘翡冷翠’。不过，佛罗伦萨也曾被称为花城，因佛罗伦萨的市徽是玉簪花，就像法国国徽的图案一样。该市的主教堂又名‘花之圣母’教堂，因为在这座教堂的墙壁上用许多玉簪花的图案来点缀。”

导游对佛罗伦萨的历史可谓了如指掌，闲聊中，得知他曾在意大利一所大学攻读硕士学位，学的专业就是意大利历史。毕业后就留在佛罗伦萨做导游，已经5年了。

我们参观的第一个景点是主教座堂广场，它位于佛罗伦萨市中心。主教座堂广场上耸立着三座华美精致的建筑物：杜奥莫大教堂、乔托钟楼和八角形的洗礼堂。远看三座建筑物构成一体，显得极其雄伟壮观。

杜奥莫大教堂最有特色的是它那巨大的带赭红色的圆顶建筑物，远看就像中国的蒙古包一样。据导游介绍，它是意大利著名建筑家布鲁内莱斯基设计的，1420 年开工，用了 14 年才基本完工，直到布鲁内莱斯基死后才算全部完成。大教堂内部几乎空无一物，它本身的空间与光线的韵律分配便是一件杰作，坚固的方柱被那从正面大圆窗和从侧面狭窄窗户照射进来的光线突显出了明暗的划分。不过，这座空荡的大教堂，历代以来在这里却发生了许多历史事件：1439 年召开的佛罗伦萨大公会议，它把东方教会与西方教会齐聚于一堂；帕奇家族发起的阴谋事件，美第奇家族号称美男子的罗伦佐因而受伤；萨沃纳罗拉会士在这里发出了恐怖的讲道词，所以这位倡导改革的神父被勒死后，便在执政广场上被火焚烧。大教堂内有少许艺术杰作。在教堂正面的背面上有艺术家吉贝尔蒂设计的彩色玻璃窗，非常漂亮，也非常精美。祭台上有《最后的晚餐》巨幅绘画，这是佛罗伦萨派几位画师按达·芬奇草拟的图案绘成的。在教堂八角形内殿的两翼，各有五座小祭台。在左翼第一祭台，有米开朗琪罗 80 岁创作的雕像《母爱》，这一作品是在米开朗琪罗去世后安置于此的。教堂内还有迪·米凯利诺的著名壁画——《但丁像》，但丁手捧《神曲》，身后以佛罗伦萨风光为背景。

靠近主教堂右侧的花边建筑物叫钟楼，共有 5 层 82 米高，造型极为壮观。由于这一钟楼由乔托于 1334 年设计建造，所以又叫乔托钟楼。它是意大利 14 世纪初最丰富的雕刻杰作，出奇之处是它把罗马古典风格的坚固性与哥特风格的高贵性融合到一起了。有三位大艺术家参与了建造工程：乔托担任了它的总设计并建造了楼基和第一层，乔托去世后，比安德勒和塔伦蒂二人完成了乔托遗留下来的工程，使钟楼成为一件首饰般的杰作。钟楼的四周都饰有浮雕。色彩有浓绿、淡红和乳白三种，十分和谐美观。钟楼的第一层有乔托雕刻的格子浮雕和 16 尊雕像，其中不少是多纳泰罗的作品。钟楼内有 290 级的楼梯，从此梯可达钟楼最顶端。

洗礼堂在大教堂的对面，曾被在此处受洗的诗人但丁称为“美丽的圣若翰堂”。它是佛罗伦萨的宏伟建筑物当中最古老的，也可说最漂亮的一座。洗礼堂是于公元 5 世纪建造起来的第一座高大建筑物，令人惊奇万分。出奇之处首先是它比例上的完美协调，又由于表面覆盖的绿色与纯白色大理石的高贵性以及它的三道铜门，其中两道是由吉贝尔蒂雕刻的，它们深受米开朗琪罗的赞赏，致使其中一道被他称作天堂之门。就为了雕刻所谓的“天堂之门”，吉贝尔蒂竟一直工作了 25 年之久。他所利用的透视原理非常壮观，10 个格子浮雕的内容叙述非常连贯统一，其周围的装饰浮雕也极其高雅。铜门是于 1452 年完成的，浮雕内容是旧约《圣经》上有关伊甸园、亚当与夏娃的故事。由于浮雕栩栩如生和经维修后使原先的金黄色毕露，更加强了它的华丽性，使它成为全世界的观赏目标。另外一道门是安德烈·比萨罗雕刻的，门上刻有关于约翰生平的 28 幅图画。

我们去的时候，天堂之门紧闭，门前护有一铁栏，只能在铁栏外摄像、留影，不能近前抚摸。听导游讲，天堂之门全是金制的，造价非常昂贵。且每年只逢复活节才开门，由主教带队进去做礼拜，意思是说跟着主教进去就可以到达天堂。

如果有幸跟着主教进了天堂之门，你能真正走到“天堂”吗？多邪乎！想当年，在纽约，“如果你爱他，把他送到纽约，那里是天堂；如果你恨他，把他送到纽约，那里是地狱”一话呼得整天响。所谓的走入“天堂”和“地狱”之门，关键在自己。命运由自己来主宰，一切抽象的空洞的玄乎的教义都是自欺欺人！

记者手记

佛罗伦萨如同雅典和耶路撒冷古城一样，好像一座文化灯塔在世界上散发光芒。它有极丰富的艺术品，风景灿烂宜人，周围有协调的丘陵环绕。拥有1 000多年的历史，使他于1115年最早赢得了政治上的独立，建立了欧洲最早的城市共和国。13世纪末，成为欧洲最著名的手工业、商业、金融和文化中心。15世纪成了新文化运动的中心、文艺复兴的摇篮，产生了一大批文化巨人。

这是一座孕育文化巨人并使之催生文化巨人的城市！它的每一处痕迹都无不与文艺复兴密切相关。

佛罗伦萨——一部文艺复兴历史的生动教科书！

西尼约里亚广场和老桥

西尼约里亚广场曾被称作执政长官广场，八个世纪以来都是佛罗伦萨的政治与民事的“心脏”，距离宗教中心主教堂只不过数百米。

西尼约里亚广场曾是佛罗伦萨城重大历史事件的舞台。现代政治思想家马吉亚维利曾在此处工作过，他的书房就在文书公署大厦内；教宗良十世曾到过此处；改革者萨沃纳罗拉会士就是在这里被活活烧死的（广场中央有一块圆形斑岩标志着这桩历史事件发生的地点）；法国拿破仑的军队在此处插下了自由的旗帜；1860年透过民意表决，就在这里宣布将托斯卡纳地区与意大利王国合并；德国独裁希特勒访问佛罗伦萨时曾在此处演讲；自从1872年以来旧宫就是市政府和市长办公厅所在地。

旧宫是一座典型的城堡式建筑，巍然矗立在西尼约里亚广场对面。旧宫原来也叫西尼约里亚宫。16世纪曾是当地最富有的美第奇家族的私人住宅。在美第奇家族的另一豪华庭院式建筑比蒂宫建成后，美第奇一世遂离开西尼约里亚宫迁往比蒂宫。比蒂宫是新建的，称为新宫，原来的西尼约里亚宫自然就被称为“旧宫”了。2000年11月，欧共体6国首脑会议曾在旧宫召开。

在西尼约里亚广场上，我们置身于浓郁的古典文化氛围中。广场上几尊著名的雕塑形态逼真，真有呼之欲出之感。首先映入眼帘的是詹博罗尼亚雕制的美第奇家族的大公科西莫一世的骑马铜像，科西莫一世一身戎装，双目炯炯，凝视前方，威风凛凛，令人遐想联翩。另一尊有阿曼纳蒂雕塑的海神战车喷泉与海马和白色大理石巨人雕像，更令人叹为观止。战车正中矗立着一尊满脸胡须的白色大理石裸体雕塑，也称“白巨人”，下面几尊海神雕像也形态各异，或侧卧，或斜坐……栩栩如生。更令我们驻足不前，流连忘返的是米开朗琪罗雕刻的大卫塑像。据导游介绍，这尊大卫塑像是复制品，原件已保存在艺术博物馆里，还有一件复制品则竖立在米开朗琪罗广场上。大卫取材于《圣经》旧约中的人物，他是伯利恒人耶西的第八个儿子。大卫容貌俊美，善弹琴，英勇善战，击败了巨人戈利亚，是古代以色列统一王国的首任国王，统治以色列达40年。米开朗琪罗为制作大卫雕像，花费了不少心血。从1501年8月到1504年1月，花了三年多的时间才完成了这一巨作。竖立在我们面前的大卫，是一名健壮、坚定、勇猛的裸体青年，他左腿前伸，右腿后立，左手举起，右手下垂，双目注视左前方即将到来的强敌戈利亚，正准备全力将石子弹出，显示了对敌人的愤恨和奋战到底的英雄气概。这一尊大卫塑像，成了文艺复兴时期的代表作，也成了表明正义力量的形象化身。

“这尊雕塑运用了丰富的解剖学原理，体现了大卫强健有力的体魄，全身肌肉充满了青春活力，显示了线条美。但我从医生的角度谈，有一点不美，可以说是缺陷。你们能看出毛病吗？”牙医在观看完大卫雕塑后，突然对我们提出这样的疑问。

我们又上前再仔细看了看，人体的各个器官都很完备，形象也很逼真，哪有什么毛病？

“你别逗了，你说说，毛病在哪？”来自温州的张小姐说道。

牙医闪着眼睛，面带神秘的笑，走上前，用手指着大卫的阴茎：“你们看，他的包皮还没割，你说这是不是缺陷？”

我们听后一阵大笑，张小姐则双颊泛红，嗫嚅道：“你这个医生，什么没看到，就会看这毛病。”

说真的，确实是包皮没割。不过，那时的医学还没达到今天的先进程度，用现代医学严格要求16世纪的作品，是否有点挑剔了。

出了广场，我们在广场附近的一长拱廊下，看到了镶嵌在石柱中间的达·芬奇和米开朗琪罗的雕像。达·芬奇满脸胡须，披着长衫，戴一顶毡帽，左手持画板，右手在胸前微弯曲，一副智者的样子。达·芬奇从孩提时代就喜爱画画，他天资聪颖，勤奋好学，人们称他为小画家。达·芬奇5岁时，生母被其父遗弃(其父是佛罗伦萨的公证人)，他从小就跟祖父在乡下生活。由于他天资过人，14岁时拜艺术家委罗基奥为师，到画室学画，为他后来在艺术及科学方面的提高奠定了良好的基础。他一生创作颇丰，在绘画、音乐、医学、建筑、水利工程、物理、数学、天文、机械等方面均有建树，是一位伟大的艺术家和科学家。1519年他殁于法国安波斯城克鲁堡，是欧洲文艺复兴时期最杰出的代表。

米开朗琪罗身披披风，头微下倾，嘴唇紧闭，右手叉腰，左手扶着披风，目光向下俯视，不知是否又在审视他刚刚完成的又一作品。米开朗琪罗6岁丧母，由姑妈养大。他从小便喜欢雕刻和绘画，却遭到了父亲的反对和打骂。但他仍不肯放弃学画。13岁时，当地的大富豪美第奇家族发现了他的天才，并送他到美第奇创办的美术学校学习。通过四年的学习，丰富了各方面的知识。他学习用功，才华出众，一生创作了许多伟大的作品。无独有偶，他与达·芬奇均是同性恋者。他把这种情爱融入创作中使他的作品《大卫》与《上帝之手》等充满了令人不可言喻的能量与活力，不仅感染力强，而且透露出“知者得其味”的同性恋情感。他把人文情感融入严肃的宗教题材里，拉近了作品与观众的距离。他是意大利文艺复兴时期最后一位伟大的爱国主义艺术家。他与达·芬奇、拉斐尔一起被列为文艺复兴“三杰”。

“我带你们去参观但丁的故居。”导游引着我们走进老城区的一所老式砖房。一座极不起眼的房子，这里就居住过世界文学大师但丁。房门紧闭，墙壁上有但丁的一副青铜塑像，另有一面天蓝色的锦旗，上面也画了但丁的头像。在门前的地板上刻了他的像，意寓着要把但丁永远踩在脚下。可但丁在近20年的流放中，始终不渝地坚持自己的政治主张，不向反动势力屈膝投降。他曾幽默地说，把我的头像刻在地板上，将会使所有前来观看的人向我鞠一躬。他被驱逐出自己的故乡，却以惊人的毅力接近群众，了解社会，创作了中世纪的史诗《神曲》三部曲，每部作品都闪耀着文艺复兴思想的曙光。但丁同荷马、莎士比亚的名字并列，成为西方文明史上的三颗巨星。我们怀着敬仰的心情在但丁故居前合影留念。

走出具有700多年历史的旧城老区，穿过米开朗琪罗街（这条街是世界名牌商品荟萃之地），便来到了阿尔诺河边。河对岸的圣十架城堡，据说埋葬着达·芬奇、伽利略、米开朗琪罗等名人。河上有一座老桥，是佛罗伦萨最古老最有名的桥。它之所以闻名，一则它是一座“商业大桥”“黄金大桥”；二则它历尽沧桑，是佛罗伦萨历史的见证。早在14世纪，桥上就店铺林立，销售的物品花样繁多。后来据说桥上卖肉的“屠夫”把桥弄脏了，以至于大公下令只容许在桥上开设金银首饰店铺，所以人们又惯称它“黄金大桥”。

我们走进老桥，像走进了一座金光四射的大堂，里面高悬的金字店牌耀眼夺目。柜台里陈设的各类金银首饰更是灿亮无比、满室生辉。桥上有著名画家、雕刻家佐利尼的半身铜像。佐利尼对金银器的雕刻十分精细，人们念念不忘他的高超技艺，故将其英容置于“黄金大桥”之上，以示纪念。

夕阳西下，金色的余晖倾洒到阿尔诺河上，也倾洒到老桥上。桥边有对对男女在并肩漫步，享受冬日余晖的沐浴。“这里有一个典故，相传但丁就是在这座桥上与他终生相恋的女子贝雅特丽齐相遇的。”导游又打开了话匣子：“现在一到周末和晚上，总有不少男女来桥上散步，互诉衷肠，不知是不是要效法但丁的爱情，追求一种永恒？”

与我们同从巴黎来的在大巴上一夜成为恋人的那一对上海男

女，早已离开了导游队伍，在桥畔并肩依偎着沉浸在无拘无束的卿卿我我之中。不知他们是不是也在轻轻吟诵徐志摩的那首《再别康桥》的诗：

轻轻的我走了，
正如我轻轻的来；
我轻轻的招手，
作别西天的云彩。
那河畔的金柳，
是夕阳中的新娘；
波光里的艳影，
在我的心头荡漾……

记者手记

西尼约里亚广场是一个露天雕塑博物馆，像佛罗伦萨的一块胸珮，精美无比。老桥则像是一块精致的坎肩，把佛罗伦萨装点得更加姣美。而达·芬奇、米开朗琪罗、但丁这些名人的雕塑，则像佛罗伦萨胸前佩戴的一颗颗耀眼的玛瑙，将佛罗伦萨打扮得光彩夺目。

真有一种感觉，那就是恨时间太短，没能有更多时间来仔细鉴赏那些珍贵的历史文物，来消化那些历史，来吸取更多的历史精华。

真不想走了，把心依依留在老桥。

参观乌菲奇博物馆

毫无疑问，乌菲奇博物馆是世界上最古老的并且也许是最重要的画廊。该博物馆供人参观已经有4个世纪了，它以其无数的绘画杰作实例，包罗了欧洲绘画历史的演变。

我们穿过一条长长的临街长廊，步入乌菲奇博物馆。这座有400多年建筑史的古老建筑，看上去依然那么庄严、富丽、堂皇。参观的人络绎不绝，在一大群金发的人中，我们也遇到了四位来自四川的同胞。一聊，方知他们是随一个科技考察团来意大利的，后天就要离开意大利到瑞士，然后转道回国。异域遇故人，自然分外亲热，一阵寒暄后，我们便依依握别。

乌菲奇博物馆共有三层。底层有临街长廊，出售各种手工艺品及名作的复制品；第二层是珍藏佛罗伦萨和意大利史料的国家档案馆；第三层是乌菲奇画廊，也叫博物馆、美术馆，它是世界上收藏艺术品最丰富的画廊之一。

"画廊于1737年公开开放，供世人欣赏。画廊收藏了14至18世纪的意大利绘画、雕刻，许多是文艺复兴时期的名画、名雕，还有公元前希腊的雕刻杰作，共有45个展室，几万件美术作品。全世界收藏的名画，像《蒙娜丽莎》，总共只有20多幅，乌菲奇宫就有10多幅。所以有人把乌菲奇画廊与卢浮宫相媲美！"导游的介绍，使我想起1996年我在纽约大都会博物馆参观画廊的情景，那里面更是名画荟萃，灿若星海，像凡·高、毕加索等人的传世之作也列在其中。不过，达·芬奇因是佛罗伦萨人，其更多的作品则在当地和卢浮宫收藏。

画廊里一幅幅油画栩栩如生，简直是美不胜收。我无法将整个画廊里的美画一一道来，只能选择感受最深的几幅名画说点感受。

被尊称为“意大利绘画之父”的乔托，画的《庄严圣母》像，将一位身披黑长衫，左手怀抱圣子的圣母刻画得惟妙惟肖。那眼神，那手势，都有一种鲜活的感觉。可以说，这幅画里透溢出一股超然的母爱和凝重的恋母情结。无论从哪个角度看，你都会发现，出身寒微的作者少年时曾备受艰辛，后靠自己的天赋和勤奋成就了自己“艺术大师”称号的乔托是怎样将自己的恋母情结巧妙地熔铸在画面之中的。西莫内·马尔蒂尼的《圣母领报》与达·芬奇的《圣母领报》则有相映成趣之妙，同样是面对飞来的信使，女主人公则形态迥异：达·芬奇的女主人公面露喜悦，洋溢着一种期待神情，或许，信使给她带来了极佳的好信息；而西莫内·马尔蒂尼的女主人则神情黯然，侧着腰身，或许是对不好的消息表现出一种无可奈何的感叹。两幅画各自孕育的丰富主题，通过女主人公的细微表情袒露无余。而罗索·佛罗伦帝诺的《奏乐的小天使》则将一小音乐天使狂放的表演情形表现得淋漓尽致。那展翅欲飞的样子，小天使黄头发下的一双俊亮的大眼似乎还沉浸于美妙的音乐中。他怀抱吉他，右手轻拢琴弦，从天庭传来的音乐似乎正从他手指间舒缓地滑落人间。保罗·乌切罗的《圣罗马诺的战役》，将战争场面表现得极为残酷，刀剑林立，战马嘶鸣，横亘于战马前的绊绳把无数战马与将士绊倒在地上，尖利的长矛随之刺入腹中……米开朗琪罗的《圣家园画》像，则表现了圣父、圣母和圣子一家三口的天伦之乐。画是被金色的圆形画框镶嵌其中，寓意其家庭的团圆，极富生活情趣。

画廊里有两幅著名的画都是著名画家波提切利创作的，其中一幅是他的代表作《春》，创作于1478年。导游带着我们来到了《春》画像前。这是一幅寓意画，它给漫长的中世纪闭了幕，而开启了初期的文艺复兴时期。整个画面充满着欢乐的景象，像一座华丽的舞台，女神维纳斯出现在舞台中间，象征人类的春天来到人间。她的左侧有众神使者麦丘里，披着衣服，身系佩刀；右侧有春神芙露娜，嘴中衔着香草、鲜花；花神头饰花冠，身上挂着花环，她将芬芳的花瓣不断地洒向人间；小爱神丘比特已飞到维纳斯头上，维纳斯右手下有美丽、青春和欢乐三位女神正在翩翩起舞。一切都极为高雅和协调：跳舞的三位女神只表露了纱衣的膨胀，步伐庄重的花神，高雅的风景，其中登峰造极的画技使花草树木异常生动，都暗示着那些渴望人文主义的人们所向往的世俗天堂。整幅画含义深刻，令人回味，其创作手法新颖、明快，给人以美的享受。

另一幅名画是波提切利于1485年创作的《维纳斯的诞生》。初见这幅画，我们完全被画面中那跌宕、庞大的气势所震撼：碧波荡漾的蓝色海面上飘浮着一只巨大的扇形贝壳，全身裸露的美丽的维纳斯披着金色的长发亭亭玉立于贝壳上。她旁边一男一女即风神和春神翱翔于空中，风神口中轻吐微风，维纳斯便轻轻地飘到了岸边，从此维纳斯开始了人间的生活。窈窕淑女告别天堂，来到尘世，由神变为普普通通的现实生活中的人，体现了作者的人文主义思想情感。整幅画面将抽象的理想主义与现实主义巧妙地融会到一起，使画面达到了完美无缺的高度，再现了裸体的维纳斯，表现了人从宗教羁绊下的彻底解放。令旁观者荡气回肠，留恋不已。

还有拉斐尔画的《金翅雀圣母》像，画面显得泰然完美，蒂齐亚诺画的《乌尔比诺圣母》像，也颇感热烈明朗，以及卡拉瓦焦画的那幅恐怖的《蛇发女妖》画像，则有一种寒浸肌肤之感。无论是人文主义的象征图案，抑或是崇尚写实的模拟画派，追求夸张离奇的荒诞画像，都堪称画中上上品，是文艺复兴时期留下的精美杰作。

饱餐了一顿画中秀色后，出得门来，已是夕阳西下，此时方感饥肠辘辘。门前的过道边，摆了一溜画夹、小板凳，三五个男女画家正在招揽生意。

“来，请给我画张肖像画。”牙医兴趣盎然地坐上小凳，欲请一男画家作画。

“这怎么行，哪有时间等你！”导游上前婉拒了那位面露喜色的画家。

“留着下次吧，等你带着夫人再次光临此地时，画张合影照。”我调笑道。

“那，买张画。”牙医站起来，在琳琅满目的地摊上挑了一幅画乌菲奇博物馆的油画。我也挑了一幅，算是留作纪念。

记者手记

参观乌菲奇博物馆，不如说是参观画廊；参观画廊，不如说是经受了一场油画艺术的洗礼。

乔托·波提切利、达·芬奇、拉斐尔、米开朗琪罗……这些如雷贯耳的名字，我们只是上大学时在教科书里读到。如今真的置身在这些艺术大师的名画前，我们感受到的除了一种心灵的膜拜和崇敬外，还有对大师级作品的虔心观摩、体会和研习。

这是一种无与伦比的享受，也是人生中至荣至幸的一次艺术熏陶。

从《春》到《维纳斯的诞生》，从《奏乐的小天使》到《圣家园画》，你有多少想象，都可以得到发挥，其超然于物外的想象空间把你与这些传世之作紧紧地粘合到一起，难以分离了。不过这种“粘合”，只能是一种神交，心灵与画面上人物的交流。

能有这种交流机会，你不也“神”了吗？

“斜而不倾”的比萨斜塔

到比萨古城看比萨斜塔，确实令我心中一动。1997 年 2 月，我在加拿大蒙特利尔市时，曾参观过全世界一个最大斜度的铁塔，倾斜度达 45 度。当时铁塔准备用于奥运会的全天候球场，由于倾斜度太大未能用上，反而成了蒙特利尔的一大景观。那时参观铁塔，便知意大利还有一座比铁塔名气更响亮的比萨斜塔。

我们穿过 12 世纪建成的古老城墙，走进城门，在一组古罗马建筑群中，比萨斜塔卓然而立，像一个巨大的玉米斜插在绿草丛中。斜塔背衬蓝天白云，脚踏茵茵绿草，在阳光的照射下，显得奇特而有气势。

比萨斜塔离大教堂 20 多米，是大教堂的一座钟楼。钟楼的样式在比萨及世界其他城市都是史无前例的。塔由白色大理石砌成，高 56 米，直径约 16 米，重 1.42 万吨。塔共分 8 层，除底层和顶层形状和尺寸有所不同外，其余 6 层的结构完全一样。塔内还有螺旋式阶梯 294 级，游人可顺阶而上，直至顶端，尽览全城风光。不过，为了保证游客安全，当地政府早已规定不准游客上塔参观。

高耸而倾斜的大理石塔，造物主给了它极其顽强的生命力，即使是倾斜也不倒。据介绍，塔从 1918 年测算，每年向南斜倾 0.4 毫米。近一个世纪以来，塔向南倾斜最大时达 5 米多。从塔下向上望去，斜塔已岌岌可危，塔上的游人好像有随时掉下来的可能。从 1174 年动工兴建到 1350 年竣工，其间因发现塔体倾斜而被迫停工达百年之久，倾斜的主要原因是土层强度差，塔基深度不够，大理石砌筑的塔身太重，造成塔身不均衡下沉。1972 年，此地发生过一次大地震，斜塔在强烈的地震中大幅摇晃达 22 分钟之久，居然没有倒塌。

意大利伟大的科学家伽利略，曾在斜塔上做过著名的自由落体运动实验。他使两个重量不等的铁球从塔顶垂直自由落下，结果同时着地，从而一举推翻了古希腊著名学者亚里士多德关于重量不同的物体，其下落的速度也不同的真理。由此，比萨斜塔更加名噪全球。

为了使这座世界闻名的历史建筑物免遭坍塌之厄运，从 19 世纪开始，人们就对其采取了各种挽救措施。1930 年，有关部门在塔基周围施行灌浆法加以保护。意大利政府还于 10 年前成立了由 13 名专家组成的拯救委员会，其挽救的具体方法是在向南倾斜的塔基北侧地基慢慢抽土，以纠正其斜度。

“目前，斜塔倾斜度已减少了 33 厘米，明年初倾斜度将再减少 42 厘米。预计抽土工程将于明年 3 月结束，6 月 17 日斜塔将对外正式开放，届时欢迎各位再来比萨登上塔顶观赏这座美丽城市的风光。”导游的介绍把我们的欲望激发了起来，真想爬上塔顶去看看比萨风光。

夜色降临了，比萨城的四大建筑：斜塔、大教堂、洗礼堂和公墓，全是用白色大理石砌成，一群白色建筑物和碧绿的草坪组成了被人们称为的“奇迹广场”。而斜塔在这群建筑物中更卓然而超群，“斜而不倾”，堪称建筑史上的奇迹！

记者手记

倾斜的比萨斜塔作为一个建筑现象曾备受建筑界关注，作为一个旅游景点，又深受游客青睐。这真应了“塞翁失马，焉知非福”之理。

笔直是一种美，埃菲尔铁塔的伟岸和坚挺令人神思飘逸；倾斜也是一种美，比萨斜塔微倾的塔姿同样使人浮想联翩。

正如巴黎圣母院中丑陋的撞钟人卡西莫多和美丽多情的吉卜赛女郎艾丝米拉达一样，在观众眼里，他们都是“美”的化身，都是“美”的使者！

比萨斜塔同样具有一种“倾斜美”！

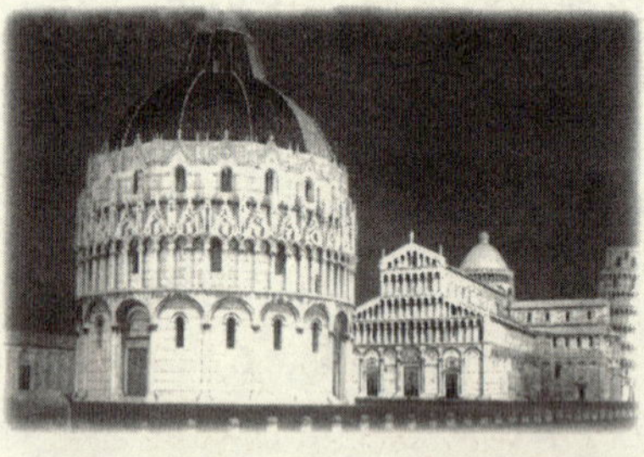

“欧洲他国”的云

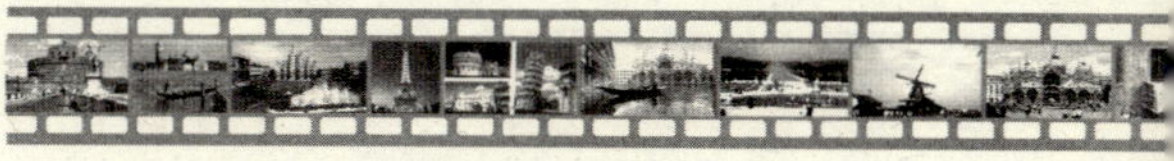

雾中看圣马利诺

圣马利诺城堡

圣马利诺是一个面积仅61平方千米的弹丸小国，坐落在亚德里亚海边的一座仅780米高的小山上。这里才2万多人，却是一个独立的小国家。从公元3世纪建立开始，从未遭过战争破坏，过着一种与世无争的“世外桃源”生活。

圣马利诺国的兴起，还有一个有趣的故事。传说公元3世纪时，南斯拉夫有一位叫圣马利诺的石匠来到山上以采石为生，并做了许多好事。许多人都投奔他，聚集在他手下。山上有一座教堂，由一位贵夫人管辖。贵夫人的儿子嫉妒他的威信，想以打猎为名伺机射死他。当贵夫人的儿子正准备举箭射他时，却一下瘫在地上爬不起来。贵夫人求圣马利诺救治自己的儿子。圣马利诺懂些医术，居然很快治好了贵夫人的儿子。为感激圣马利诺，贵夫人将整座山送给了他，并取名圣马利诺。

一早，大巴沿着上山的公路往圣马利诺迤逦前行，雾大，路难行，好不容易才见到一座铁桥和一个铁塔。这里便是圣马利诺边境。不需检查，也无人查问，整座山上大雾弥漫，什么也看不见，只见车灯在雾中闪烁。

“你们今天运气不好，雾太大，什么也看不见。要是天晴之后，圣马利诺的景色可美了。站在山顶上，俯瞰亚德里亚海的景致也是很美的。”导游遗憾地摇摇头，“不过，也不要太泄气，既然来了，还是要看的。圣马利诺是一个购物天堂，也是一个盛产邮票的国家，大家可以买买东西吧。”

大家上山前，兴致蛮高，一看满山大雾，这游玩的心情顿时减了大半。好在可以购购物，或许能捎带点什么纪念品。

大巴在停车场停下后，我们就只能徒步上山了。所谓上山，也就一二十米远的山路。登上山顶：嗬，一条清清爽爽的小街横在眼前，酒店、钟表店、杂货店排了一长溜。

“上面还有两条街，因雾大，看不见。这山上总共只有三条街。”导游领着我们向一家钟表店走去。

“就这么大点儿，还是一个共和国。”我笑道。

“城市人口才 5 000 多，你说怎么会大？据说将全国 2 万多人动员起来，沿着边境手拉手，可以围成一座人墙。”

在钟表店里，面对精致、美观的各种首饰、钟表我无从下手。好在导游在，她帮我挑选了一只手表和一条白金项链。“这手表在北京要卖 200 多元人民币，这里用里拉购买折合人民币只需 100 多元。”项链也不贵，也才 100 多元人民币。导游将手表和项链放在我手里，“不过，是不是假货，我可辨不出来啊。因这里不上税，东西相对比其他城市便宜。因为便宜，难免会遇上假货。”

手表和项链做工都很精致，看上去价格不菲。实际上，从意大利买一点小东西回去，即使是便宜货，也会物有所值，毕竟是从国外带回来的。

牙医从酒店里买了一套瓶装的葡萄酒，兴致勃勃地走过来。“这包装忒漂亮，用当地的土炮样式作瓶子，别有风味。”

“不沉？这么远，拎着不难受？”我戏谑道。

“带给我哥，他最喜欢储存各种样式的酒瓶。”

“真逗！精神好？”不知是谁冒出一句话。

“走，上山看大炮去。”导游催促道。我们绕过两条小街，刚走到山上，一声炮响，吓得我们面面相觑，不知所措。“这是圣马利诺每天例行的礼炮，是士兵换岗的时候了。”导游笑着解释道。

果不其然，五六名身着军服的士兵正在山顶上升旗，旁边就放有两架大炮。只见士兵们升好旗后，又持枪转身回到岗位上。威武整齐，训练有素。

圣马利诺共和国是1448年正式建立的。拿破仑执政时，曾想瓜分意大利。当时拿破仑也想占领圣马利诺，因圣马利诺易守难攻，他就想收买这个国家，表示愿拿钱扶持。但圣马利诺拒绝了拿破仑的盛情，保持中立。在第一次和第二次世界大战中，圣马利诺没有遭到战争破坏，完整地保存了下来。这里的人民过着独立、自由、富足的生活，其中旅游业占了整个财政收入的60%，邮票收入占20%。我们来的不是时候，这里的最佳旅游季节是每年的3~9月份，每天有两三万人参观，尤其是晚上，上山购物或游玩的人特多，有的要玩到晚上12点钟才开车下山，有的就住在山上。城市不大，却有800多家旅馆，40多家比萨餐厅。这里实行中小学义务教育制，没有大学。看病也无须花钱，全由国家负担。这里没有正规医院，只从国外请来了三名医生。政府官员有20多名警察和1名法官。其执政官两名（即兼职总统）由人民民主选举产生，联合执政，每人每月5美金薪酬，其他收入靠自己另外的职业获取。如执政官拒绝出任或中途退出，将受到一笔巨大的经济罚款。

我们沿着山路，登上了山顶，俯瞰山下，一片浓雾，就连近处的楼房都看不清楚，倒是脚下的三座城堡在云雾缭绕中若隐若现。这三座城堡由罗卡城堡、切斯塔城堡和蒙耐城堡组成，均是11世纪到13世纪之间建成的。想当年扼守一方，可保护全城，真有一夫当关，万夫莫开之势，难怪圣马利诺能永葆其祥和、宁静的生活。

参观完城堡，已是中午时分，我们向停车场走去。山上绿树成林，草坪满坡，四周静极了，连树叶落地声都听得见。这真是一个旅游休闲的好地方，可惜我们不能在山上久待，也等不到云开雾散时，看圣马利诺的美丽景致，便登上回程的大巴，沿着原路下山。此时，回首看山上，依然大雾弥漫，山下也是云蒸雾绕，大巴像一艘轻舟，在雾海里慢慢前行……

记者手记

到圣马利诺没有看到山下绮丽的景致，倒看见了一场弥天大雾。不过，这雾好像还赶不上黄山和峨嵋的云雾壮观。可能是山不高，其云雾也稍逊一筹了。

圣马利诺以旅游和盛产邮票著称，这是一个小国家赖以生存的法宝，也是该国的特色。

1959年，圣马利诺以一个小国的名义参加了奥运会，虽然与奖牌无缘，但显示了一个中立国家的追求、希望和自信。正如拿破仑横扫意大利时，圣马利诺依然不卑不亢，旗帜鲜明地维护了一个国家的主权。

小国不弱，自有小国风范。不然，那三百年不变的升旗，放礼炮，持枪守卫，何以能延续至今，甚至成为一个国家独特的景观。

伟哉！圣马利诺！

宏伟的圣彼得大教堂

从罗马踏过一条柏油大道，我们就进入了另一个“国中之国”——梵蒂冈。这个国家面积仅0.44平方千米，只有1 300多人，是世界上最小的袖珍国。它拥有自己的外交、警察、军队和司法机构，它的最高统治者是教皇。此外，还拥有自己的货币、邮政、铁路、电台、电视台和报刊。但在这座小国里，却坐落着世界上最宏大的天主教堂——圣彼得大教堂，它也是意大利文艺复兴和巴洛克艺术的殿堂，世界最大的圆顶建筑。

圣彼得大教堂是2000年以来天主教会的中心，可容纳5万多人做礼拜。它充满了艺术上与宗教上的吸引力，并且还具有一个庞大但造型和谐的广场，这是一个完全正规的椭圆形广场，宽达240米，由宏伟的贝尔尼尼圆柱廊环抱；柱廊共由284根陶立克式石柱组成，分成四排，顶端竖立着140尊圣人们和殉道者的雕像。

广场两边还有两座三层水池的喷泉，冲天的水柱喷洒着晶莹的水珠。尽管竖立在广场中央的埃及方尖碑的顶端有一块钉死耶稣的十字架圣髑，但喷泉的哗哗落水声，却为广场增添了不少生机和活力。

大教堂因建在圣彼得的墓地上而得名。据说，耶稣的十二门徒之一，最年长的圣彼得，到罗马从事传教活动，被当时古罗马帝国的暴君尼禄皇帝倒钉于十字架上残酷地杀害了。人们为纪念他，在他的墓地上建起一座简易的小教堂。公元3世纪初，君士坦丁大帝宣布皈依基督教，并于公元315年开始为圣彼得正式兴建教堂，公元349年建成。其间，几经改建、重建，这项重大工程，先后由意大利文艺复兴时期伟大的艺术家和建筑师米开朗琪罗、拉斐尔和贝尔尼尼等大师主持修建，他们共同的聪明才智创造出了这座世界宗教建筑艺术史上的杰作。

大教堂总面积为2.2万多平方米，长200多米，最宽处130多米，大圆顶高达136米。那些裸体小天使像比成人的躯体还要大，而中间的华盖居然有罗马的一座楼房那么高。你不能不被它的恢弘和精美所惊叹！

里面的雕梁画栋随处可见，精美的雕塑更是多不胜举。但参观的人群几乎一迈入教堂大殿，都不由得迅速地朝右侧走去，因为那里有“母爱”小堂，里面保存着整座教堂内最美丽的雕塑《母爱》。它是米开朗琪罗25岁时完成的不朽作品，为大教堂的“镇堂之宝”。雕塑中圣母玛丽亚右手紧紧搂着受难后从十字架上放下来的遍体鳞伤的耶稣，左手微微摊开，垂首凝目，双唇紧闭，默默地看着自己百呼不应的儿子。她怀中失去生命的耶稣无力而沉重的躯体仿佛还没有完全脱离在十字架上所遭受的痛楚。作品生动逼真地表现了圣母在儿子遇难后那种悲痛欲绝的内心世界。在圣母胸前的斜饰衣带上刻有艺术家的名字。当时，作品在罗马刚一公展，就引起了轰动。上至教皇，下至百姓，都极为欣赏。同时，雕塑家手下那优美的线条和生动的造型，也引起了一些人的猜测，不相信这一杰作是出自名不见经传的米开朗琪罗之手。米开朗琪罗知道后，非常生气，当夜又重新潜回教堂，在圣母玛丽亚的衣带处刻下了自己的名字——波纳罗蒂·米开朗琪罗，以示抗议。巧合的是，这竟成为米开朗琪罗一生唯一的题名作品。1972年，雕塑被一个神经病患者破坏，幸运的是，经过古物修复者们的努力，雕塑完全复原，现在它的周围设有防弹玻璃框。

在大堂中殿，许多人都在仰头观看教堂上面的穹形大圆屋顶，这是米开朗琪罗72岁高龄时的杰作，如今已成为罗马的标志，罗马人亲切而又自豪地称它为大圆顶。它的风景曾激起过无数艺术家的灵感，他们在作品中描绘它、赞美它。司汤达的《罗马漫步》是部纪实性极强的作品，他称意大利为自己的第二故乡，字里行间流露出的热爱之情中常夹杂着一点批评家的味道，但在描绘圣彼得圆拱顶的时候，一丝浪漫气息不由得溢了出来："圆拱顶沉静在纯净的橙色黄昏中，它的顶上，几颗早来的星开始明亮了。"仰望那高大精美的圆拱顶，我们再次为米开朗琪罗的天才杰作所倾倒。一切赞美的言辞在这壮丽的圆拱顶之下都显得苍白无力，仿佛只有"天才之作"一词才能充分说明它的伟大和脱俗。

教堂正殿尽头的教宗祭坛的设计和建筑大部分都得归功于贝尔尼尼，他在这里留下了深深的巴洛克艺术风格的痕迹。主祭坛上方高大的用螺旋形柱子支撑着的青铜镶金华盖就是用了从万神庙大门上拔下来的青铜钉子制作的。青铜华盖金光灿烂，里面的条纹图案清晰可见。贝尔尼尼将它置于教宗的祭台上方，正是在圣彼得的坟墓上方。前面半圆形栏杆上永远地点燃着 99 盏长明油灯来照亮圣彼得的坟墓。30 年以后，贝尔尼尼又制作了圣彼得的宝座，这是一件镀金的青铜宝座。他又在青铜宝座上面摆置了一张点缀着象牙雕饰的木椅，相传这是圣彼得用过的真正御座。宝座上方他还设计了光芒四射的天堂——一组镀金的天使塑像的头顶是镶嵌在椭圆形窗户中的圣灵信鸽，从高空的大天窗射下来的一束强光将它照得金光闪耀。支撑教堂大圆顶的四根巨型方柱前各有一尊圣人雕像，其中一座是圣隆基诺的雕像，这是贝尔尼尼的作品。雕像安置在圣彼得青铜像的后方，圣隆吉诺手持那根当基督被吊上十字架时，他刺入基督肋下的箭。人物的动态幅度极大，面部表情介于痛苦和惊异之间，充分地显示了巴洛克式雕塑所追求的艺术效果。我们在这里驻足，流连忘返。

站在教堂内，大门口人流如潮来潮去，毫无一丁点儿拥挤之感。或许是教堂太高大、太宽阔，几乎可以海涵一切，何况匆匆来访的人流。从来没有感到一个非天主教徒会对彼得教堂有一种流连不去之感，因为这里的每一尊雕塑，每一幅镶嵌画，每一根石柱——从华贵瑰丽的柱头直至厚实的路墓，每一寸浮雕，都值得我仔细欣赏。时光随着我轻移的脚步逝去，但我却毫无察觉。无数隐藏在石头雕塑下和壁画里的故事和传说，像亚得里亚海的潮水一样在我胸中汹涌而来，又呼啸而去。我被强大的艺术漩流击得晕头转向。我希望尽早离去，但双脚却朝一幅方才漏看的画，一组没有注意到的雕塑慢慢移去……

记 者 手 记

圣彼得大教堂是全世界天主教的中心，其影响力和威力自不言而喻。它的建筑和艺术也堪称世界一绝：教堂内的墙壁、石柱、天花板、门扉乃至玻璃窗上、地上，处处都是精美的雕刻、壁画和镶嵌画。米开朗琪罗的大理石雕像《母爱》、乔托的镶嵌画《小帆》、贝尔尼尼的雕塑《圣水钵》都是千古名作。

到欧洲主要是看教堂。每一座教堂都有一段精彩的历史，把无数座教堂连接起来，就组成了一幅浩瀚的历史画卷。

圣彼得大教堂是这幅浩瀚历史画卷中最精彩的一笔。

地中海的明珠城市
——摩纳哥

1982 年，摩纳哥漂亮的王妃因车祸不幸身亡的噩耗传遍了全球，人们在惋惜之余，也记住了地中海这座美丽的明珠城市——摩纳哥。

这是世界上最古老的一个具有独立和自主权的君主制国家，亲王为国家元首。这里风景优美、气候宜人，历来是人们旅游的最佳去处。我曾在无数电影里见过那碧蓝的海水、洁白的游艇和闻名世界的蒙特卡罗赌城。

摩纳哥大赌场

18年以后，当我有幸踏上了这座明珠城市，面对停泊在地中海岸边那一艘艘豪华的小游艇，和那依山建筑的一栋栋装饰别致的小洋楼时，我不能不惊叹这里确实是举世闻名的富人旅游和休闲的胜地。

如果说圣马利诺是袖珍小国的话，摩纳哥则更是比袖珍小国还小的国家。它的国土面积仅1.95平方千米，人口3万多。这里气候冬暖夏凉，冬天最低不超过10度，夏天最高不超过30度。一年365天，有300天处在温暖的阳光中。世界上无数公子王孙、文人墨客、巨商大贾都趋之若鹜，在这里买一栋别墅，购一艘游艇，随时来此地消闲度假。

“现在是冬季，不是最佳旅游季节，这些游艇的主人很多都不在摩纳哥。而山上那一栋栋别墅，凡是关上窗帘的，主人均不在此。这些都是有钱人买下后，每年来此度假时用的。”导游的话，使我们真正感受到了外国人是如何花钱买享受的。

据称，凡在摩纳哥敢于置买房产的，身家都在千万资产以上，须知，光一栋小别墅就要七八百万法郎，而且还不算豪华的小游艇和高档的小轿车。加之，这里又有赌城蒙特卡罗，其奢华的消费就不可想象了。

11点时，在王宫门前，聚集了一大群人，门口有全副武装的警卫持枪守卫两旁。“每天11点50分钟，王宫门前有卫队交接仪式。但今天你们运气不好，天阴沉沉的，好像要下雨。”导游说着，拿出了备用的自动伞。

果不其然，刚才还是阳光和煦的天气，瞬间就阴沉沉的，天空飘起了霏霏细雨。“今天没戏了，你看，城堡上刚才还挂着的国旗不在了，表明王子出去了。王子在，国旗才会升起来，这是王子是否在王宫的一个明显标志。看来，今天取消了士兵交接仪式。”导游双手一摊，“今天没运气！不过还可以到赌场去试试手气！”

蒙特卡罗赌城离王宫很近，建筑富丽堂皇。门前有一圆形喷泉，像一个半圆球似的，线条均匀地喷洒着泉水。门前有一大片长方形草坪，像一个巨大的花篮，红花绿叶，衬托着草坪周围的一面面彩旗，将赌城装扮得五彩缤纷。

赌城不大，与我以前见过的拉斯维加斯赌城简直没法比。不过，与马来西亚的云顶赌城、澳门的葡京赌场相比，似乎又要气派得多。

进门时，我们身上的大衣和背包都不准带进去，被门卫放到门口指定的寄存处。大厅里，早已人满为患，老虎机、轮盘等全方位开赌，硬币落盘的“叮当”之声不绝于耳。我用100法郎兑了几十块代币，坐在老虎机前开赌，还不到10分钟，100法郎就被老虎机洗得干干净净。我好一阵懊丧。但一想起当年在葡京赌场门口，读到叶汉所题写的短诗：“赌博无毕胜，轻赌可怡情。闲钱来玩耍，保持娱乐性。”似乎又觉得这真是一次娱乐、怡情了，心情又舒朗起来。倒是温州来的小姐运气好，300法郎居然赚了200法郎。走出门后，那温州小姐一脸神气，好不风光。

都说温州人做生意精明，没想到上赌场同样身手不凡。

“这儿的收入可能主要靠赌场吧?”出赌场后，我问导游。

“当然，摩纳哥虽小，却有50多家银行，其赌场收益占整个国民收入的75%。”

“这可了不得，要是哪天赌场关门了，这个城市也得走下坡路了。这可真叫一荣俱荣，一损俱损。风险也太大了!”

“没什么大不了的，老外就喜欢赌，就连开餐馆的中国老板也喜欢赌。不过，他们去赌可是变着法偷税。须知，在餐馆收现金叫偷税，可将餐馆的钱拿到赌场换着代币去赌，也叫洗钱，钱就不用上税了。这是国际通行的一种惯例，也就是说从赌场赢来的钱不用上税。你说中国人聪明不？当然，这也只是少数人。”

“聪明，真聪明!”我一想，靠打工挣来的血汗钱自己开餐馆，经营起来颇不容易，真要全部交税，还剩几个钱？在老外面前玩玩小花招，似乎也是一种不犯法的谋生手段。这总比沿街乞讨，上门抢劫要好呀！

在回去的路上，一长廊上站立着一只雪白的亭亭玉立的海鸥，它背向大海，昂首注视前方，似乎是在欣赏摩纳哥美丽的风景，对我们的到来却无动于衷。

大概是这儿的天太高远，水太蔚蓝，树太碧绿，花太鲜艳，空气太清新，街道太整洁……我们的到来也惊动不了它的沉思。它要把美丽的身影存留在城里，把心中的思念缠绵于云中。

别了，美丽的摩纳哥！

记 者 手 记

大凡袖珍小国，都是世界上很富有的国家，如圣马利诺、梵蒂冈、摩纳哥，只不过各自谋取财富的手段不同而已。

有赌场的地方，也是人气最旺的场所。如此弹丸之地，财政收入的75%靠赌场谋取，听来真有点令人咋舌。所谓“物竞天择，适者生存”。赌场在国外的存在是天经地义的，且发展得都不错。没听说过哪个国家因赌场突然倒闭而财政显赤字的。这只能是天方夜谭了。

赌也赌了，看也看了，不过总有点遗憾。如再有机会到摩纳哥，真要留宿一晚，在落日余晖中，欣赏摩纳哥美丽的夜景，或在露天茶座里斟一杯香茗，边品尝边欣赏地中海的清风明月。

那惬意、那爽劲……哎，甭提了，留待来日！

欧洲中心
——比利时

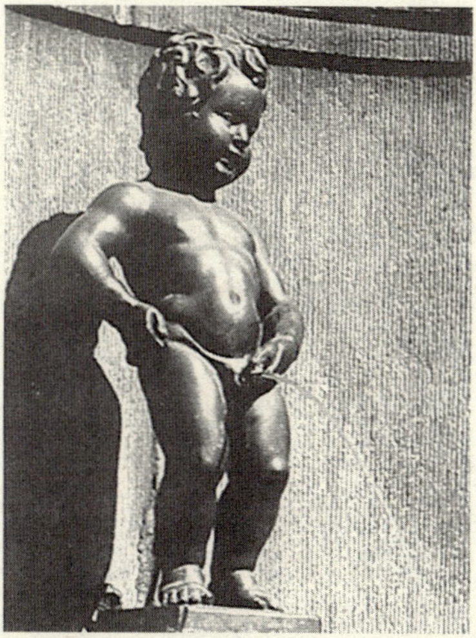
布鲁塞尔的撒尿童——小于廉

第二次到巴黎采访任务完成后，我和《国际商报》记者张先生、《中国外贸杂志》记者陈女士一起乘坐安塞尔旅行社大巴，到德、荷、比、卢四国游览，时间4天。

我们的导游是一位年轻的先生，姓孙，曾在中国建行工作，后在欧盟实习了一年。回国后又来到巴黎一所大学攻读法律博士学位。当导游是他的兼职。

大巴早上8点半从香榭丽舍大道驶出后，一路风驰电掣来到了比利时境内的狮子丘。这是一片丘陵起伏的开阔地带。1815年法国拿破仑曾在此全军覆灭，就是震惊世界的滑铁卢战役。

如今，在一座高约50米的小山丘上，耸立着一尊重8吨的铜铸狮子，雄狮面对法国，“狮”视眈眈。这是当年获胜的威灵顿公爵令人用战场上的废铁铸成，世人称之为滑铁卢雄师。它象征着英普联军的军威。

大巴只能在此小小逗留，无暇上山浏览，每人只在山脚下对着狮子丘留了一张影。倒是山下一队荷枪实弹的比利时卫队吸引了不少游客的注意，游人纷纷上前与之合影留念。

在狮子丘近处，有1958年为国际原子能展览修建的“原子球塔”，由9个巨大的银白色金属圆球连接而成，它代表了五十年代科学技术的最高水平。

此情此景，你会感慨万千，19 世纪初叶的最原始军队作战的古战场与 20 世纪中叶最先进的原子能博物馆同建在一个地方，落后与先进，野蛮与文明，是这样和谐地交融在一起，给每一个游客留下了脉脉思绪和无数启迪。它告诉人们，无论历史怎么变化，即使是曾经身处战争灾难的困境，历史终将前进。狮子丘和原子球的相互映衬，极其鲜明地昭示了这一点。这或许正是此景点的意义之所在。

下午，大巴驶进了比利时首都布鲁塞尔。这是一座具有中世纪风情的城市，由于所在位置居于西欧大陆的中心地带，欧洲经济共同体、欧盟理事会、北大西洋公约组织都把总部设在这里，使她又享有“欧洲首都”之美誉。

大巴在市区内转悠，车窗外的楼房大都是八层高的方形大楼。楼房是白色大理石建筑，大玻璃窗颇为坚实牢固。孙导正在

位于比利时境内的狮子丘

布鲁赛尔街上的有轨电车

介绍布鲁塞尔的建筑，听了令人忍俊不禁：“布鲁塞尔的楼房门大都很窄小，与巴黎宽大的房门相比，像一个纯朴的村姑，而巴黎则像一名华丽的贵妇人。”探首窗外，注视楼房下的大门，果然窄窄的，给人一种挤压感。

大巴经过使馆区时，只见美领馆门前十几米远处就围上了铁栅栏，一名全副武装的美军士兵正在使馆前巡逻。9·11 事件使美国驻外使馆都处于一级战备状态，何况又身处欧盟中心的布鲁塞尔。其他使馆区门前都门可罗雀，既无持枪士兵，也无铁栅栏。

当大巴经过欧盟总部时，孙导用极具磁性的声音介绍道：“当年我在欧盟总部实习时，每到周末，来自全世界 500 多个学校的学生都会轮流举行周末主题晚会，各自展示他们国家的文化。我们中国的学生也会展示中国悠久的文明史。时间长了，我们每一个人都会好几种语言，有的会说 11 种语言。欧盟是一个多元文化的汇聚地，除了官方语言英语和法语外，一般文件都必

贝多芬故居门前的横匾

须译成 11 种语言。在欧盟，法语是官方的第一语言，但在商务活动方面，英语则成了第一语言，这是因为美国的极强的经济商务活动导致了英语的统治地位。”

说话间，大巴停在了市郊的一座宾馆前。当晚，我们就下榻在此处。

翌日早餐后，孙导便领我们去参观布鲁塞尔市中心。所谓市中心也很小，就一个呈长方形的大广场，一座哥特式建筑的市政厅巍然矗立在广场上，气势宏伟，建筑精美，堪称中世纪古建筑的代表作。而位于广场侧面的天鹅咖啡馆则别具一格，意义非凡。咖啡馆高五层，大门上装饰一只展翅欲飞的白天鹅，纯白高雅，华贵大方。据称，1845 年 2 月，马克思从巴黎迁居布鲁塞尔就住在咖啡馆中。同年 4 月，恩格斯也从巴黎迁来，咖啡馆变成了两位革命导师的重要活动场所。

另一著名景点便是享誉全球的布鲁塞尔第一塑像——撒尿男童“小于廉”。当孙导带着我们来到一条名叫“狗街”的拐角处，只见撒“尿”声清脆悦耳，一位身高半米的光身叉腰撒尿的铜铸儿童，旁若无人地撒出一道弧形尿流，滴在水池中叮当作响，其情其状憨态可掬。

“有关撒尿童传说在布鲁塞尔有好几种，但最普遍的一种是当年敌人在进攻布鲁塞尔市时，想用炸药来炸毁城市。小男孩用自己特有的撒尿方式浇熄了导火索，挽救了全城，而他自己则中箭身亡。”孙导高声向我们介绍这一段离奇的典故。“你们可以到店里去买一点小纪念品。”他指着旁边的小店说。

在撒尿童铜像旁边的小店里，罗列着五颜六色、形状各异的撒尿童铜像，有赤身裸体的，也有身着各色衣服的，有光头的，也有着帽子的，可谓千姿百态、异彩纷呈。我和张记者都各自花15比利时法郎买了一个小铜像，给自己的孩子留作纪念。

在离开布鲁塞尔向荷兰驶去的路上，孙导向我们补充了撒尿童的一个故事。1830年，法兰西士兵把撒尿童铜像装在袋子里背走了，此举立即引起了布鲁塞尔市民的义愤。他们将撒尿童视为争取独立、自主的一种象征，窃走撒尿童就是践踏一个国家的尊严。在布鲁塞尔市民的强烈要求下，法国国王命令将撒尿童物归原主，并做了一套镶金的衣服，套在光屁股的铜像上。从此，每一个国家首脑来布鲁塞尔都要送一套精致的男童服装给布鲁塞尔，表示对当地人民的尊重。至今在国王之家博物馆已收藏有100多套童装。

一个民族的意志不容践踏，一个国家的自由不容侵犯。这是欧盟当初联盟的核心所在。正如美国9·11事件后，布什总统发表讲话，指出9·11事件是对美国人民自由的攻击。同样，窃走撒尿童，也是对布鲁塞尔人民自由的攻击。

布鲁塞尔，这个欧盟中心的所在地，正在为中西文化交流起着一种“桥梁”作用。

记者手记

在具有中世纪风情的布鲁塞尔市，我看见这座城市与美国旧金山、法国斯特拉斯堡、意大利古罗马一样，大道上正行驶着一辆辆巨大而透明的有轨电车。

这个古老的城市历史悠久、文化古典，但同时，在欧盟中心所在地，那巍然高耸的欧盟理事会、欧洲委员会、北大西洋公约组织……则标志着布鲁塞尔又走在欧洲的前列，是整个欧洲的心脏，代表着最先进的文化和文明。

在我国，先进的科学技术虽然给人们带来了福利，却也带来了一些负效应——丧失了人类本身追求的环境艺术性。而在欧洲，尤其是欧盟所在地的布鲁塞尔，人们生活在一个多元化的环境之中，世界各国的文明、艺术都凝聚在这里，使布鲁塞尔成了欧洲的“首都”。

到布鲁塞尔，你会感受到一些新的东西，增加一些新鲜的感受。如能在博大的欧洲多元文化之河中，舀取一勺清澈透明的多元文化水，再带回故乡与源远的民族长河融为一体，便不虚此行了。

天使与魔鬼的城市
——阿姆斯特丹

据先前来过荷兰的朋友讲，德、荷、比、卢四国中，最有看点的当数荷兰的阿姆斯特丹。阿姆斯特丹有“北方威尼斯”之美誉，其拦海造田的大堤更是一大奇观。据资料介绍，宇航员登上月球回望地球，能看到的地球人工建筑只有两件：中国的万里长城和荷兰拦海造田的堤坝和圩田。

荷兰风车

大巴在荷兰前政府所在地海牙停了一下，孙导让大家看看著名的海牙国际法庭，并在海边照照相。一个濒临海边的城市，因海牙国际法庭以解决国际争端问题而蜚声世界，如东欧巨变、巴尔干半岛内战、侵犯人权问题、前南联盟战犯等。

北海边，一群海鸥憩息在沙滩上，任怎么叫唤也不飞翔，与我在大西洋见到的一大群海鸥相比似乎没那么灵气和敏慧。水不太蓝，淡淡地泛出一缕灰白色的浮渣，不知是不是观光人多了，使水有了污染。

上车后，很快便到了阿姆斯特丹。“荷兰是一个低洼之国，

荷兰的木屐很有特色

国土有1/3是围海造出来的，连机场也是填海造出来的。所以这里有句古话，说‘上帝创造了大海，荷兰人创造了陆地’，这句话一点不假。”孙导下车后，向我们介绍道。“荷兰有四宝：郁金香、风车、木屐和奶酪。我带你们游览完运河后，会有当地的地陪详细向你们介绍这里的四宝。”

所谓运河，就是一条环城的内河，其水污浊颜色发黑，水质受到严重破坏。水上停泊着一艘艘渔船，船就是渔民的住家，可从玻璃窗里清晰看见床、桌、椅，也可看见窗台上几畦耀眼的花。据称，在船上的住家有2 700多户。河岸上，还有几栋歪房子，歪歪斜斜，似要倒塌，实际上是一种建筑样式，是一种类似“跳舞”的建筑，在当地也是一大奇观。河两边铁栏杆上，锁着一辆辆自行车，有的破旧不堪。听孙导说，荷兰是自行车王国，几乎每人一辆，光被偷的自行车就达3万辆，而丢在河边的自行车，也多达2万辆。

上岸后，当地的地陪雷小姐带我们去参观风车村、木屐厂和奶酪加工厂。

风车村，又名民俗村，这是荷兰的标志。风车发明已有500多年历史，由于当时没发明电，从事生产便借助风力作动力来发展生产。这叫靠天吃饭。黄金时代曾达到9 000多台风车。不难想象，那时是怎样一种壮观景象。随着电的产生，风车逐渐减少，目前全国仅有945台，而风车村也只保留了6台。靠水边有

3 台风车，俗称三姐妹。刚好，风起来了，风车悠悠转动起来，走近点，能听到风推动叶片转动的吱吱声。

木屐工厂就在风车村里。一进去，里面大大小小、五颜六色的木屐挂满了一屋。一位 30 多岁的荷兰小伙给我们当众表演木屐制作。制作人动作娴熟，几下就将一个木头坯削成木屐，时间不到 2 分钟。据称，500 年前风车的发明，与木屐的发明几乎同步进行，因荷兰地势低，沙质太多，一年有 200 多天下雨，农民做工常患风湿，后将一种白杨树做成木鞋，便解除了风湿之苦。现在荷兰每年生产 370 多万双木屐，85%内销，15%外销。

在木屐厂销售柜台上，也在出售奶酪。有俗语称：“不吃奶酪，等于未到荷兰。”我们每人品尝了一块，奶酪味很纯，确是好品种。但有的女青年吃不惯，连叫“味道怪怪的”。奶酪营养价值很丰富，是一种上等佳肴。荷兰是世界上奶酪出口量最大的国家之一，像牛群，就有 500 万头。在门外草坪上，一群群花色奶牛正悠闲地在草坪上啃青草。

远处，有一大片火红的郁金香，像一片云霞，衬着“三姐妹”风车和花色斑杂的牛群，组成了一幅美丽的民俗风景画，煞是好看。

晚餐后，孙导带我们去参观著名的红灯区。红灯区离唐人街不远，就在运河两岸。我们边走边浏览，两边玻璃橱窗内都站着袒胸露背的妙龄女子，有的在对着镜子搔首弄姿，有的在对着窗外轻盈起舞……一切都是在招徕顾客。有的橱窗放下了红纱窗，即里面正在做生意。凡是橱窗打开的，便意味着生意还未谈成。坐着妓女的橱窗，也俗称“金鱼

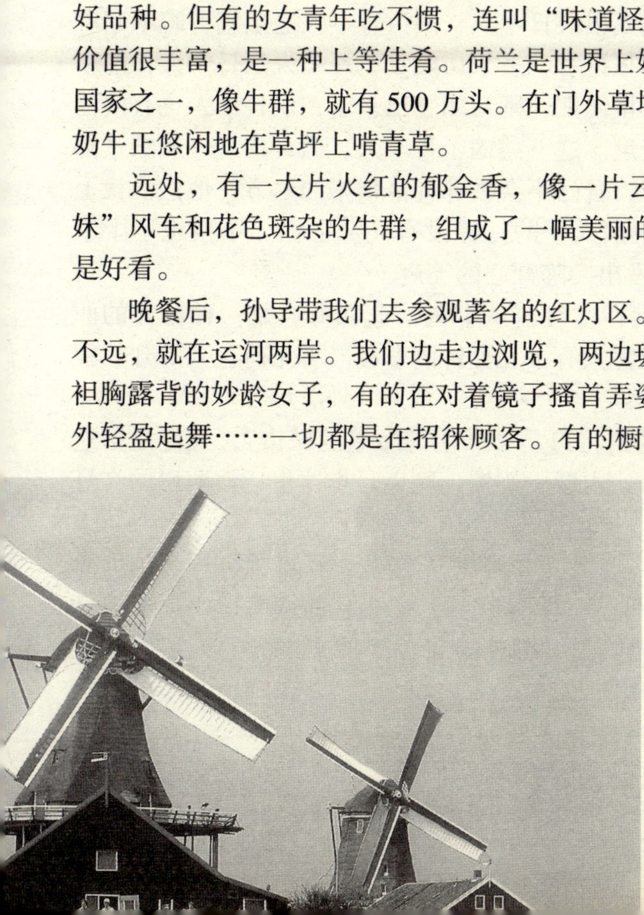

荷兰风车

缸”。细想，还挺贴切，不是吗？鱼在鱼缸里游泳看得清清楚楚，妓女坐在透明的橱窗下，不也是看得一清二楚吗？在一拐角处的橱窗下，一白裔男子正在与里面一漂亮的纯北欧女子谈价。少顷，这男子便走进房门。瞬间，红纱窗便落了下来。

在一霓虹闪烁的剧场，门前排了一长队等待观光的人。“这里面通宵轮回演出成人秀，每人35美金。有人想去看吗？统计一下，我去买票。”孙导问了半天，没一个吭声。好不容易有两人表态愿去，因人太少，孙导也无兴趣。“算了，还是早点回宾馆，司机也等急了。”我看了一下表，快晚上9点了。

上车后，孙导兴趣又来了。“我给你们讲个笑话，当地的中国人去红灯区时，妓女问对方，你是哪国人，中国人都会说是日本人。这里的中国人很恨日本人，因为日本人老摆阔，瞧不起中国人。荷兰一家小报记者就去采访妓女，一个说是日本人，两个也说是日本人。小报便把这则新闻登出来了，说日本人也有闲情去低俗的红灯区逛逛。这下惹恼了日本人，因日本人一般嫖妓都会打电话召妓上门，自己不会去那种乱糟糟的地方。他们便找上报馆，说肯定是中国人干的。因没有充分证据，小报也不了了之。”大家听了，发出一阵开心的笑声。

事实上，妓女在红灯区从事色情业在荷兰是一种公开的职业，而且地点离皇宫只有十几分钟的车程。可见荷兰人的开放程度之高。

人们评价阿姆斯特丹是“天使与魔鬼的城市”，天使是指这里的风车、郁金香、木屐、奶酪，魔鬼是指这里运河两岸的红灯区。

无论“天使”也罢，“魔鬼”也好，阿姆斯特丹都是世界上最具特色的城市之一，它的“四宝”，它的围海造田形成的圩田以及运河两岸的风光，都将给每一个前来观光的人留下美好的印象。

记者手记

荷兰是世界上最富的国家之一，人均国民生产总值达1.8万美金，社会福利也堪称世界一流。一位70岁老人退休后，可每月拿到相当于人民币2万多元，房子政府还要补贴，每年可到全世界旅游一次。

荷兰也是世界上最开放的国家之一，这里的居民，除了自己的语言外，基本上人人都会三种它国语言：英语、法语、德语。荷兰人都喜欢中国话，几乎每人都会一两句。正是这种开放程度，才使荷兰有了“天使与魔鬼城市”的称谓。这是黄色文明与蓝色文明的交融，是东方文明与西方文明的交融。只有文明的交融才能成为发展的文化。

难怪荷兰人会自豪地说：“上帝创造了大海，荷兰人创造了陆地。”

荷兰风车

旅游车上的故事

大巴从巴黎启程后，每到一处景点导游都强调要按时上车，但总有一两位游客不守时间，最迟曾延后了近一个小时。车上游客愤然了，有的叫罚小费，有的叫罚唱歌，有的叫罚买水果等。最后孙导说，凡最后迟到上车的人，罚讲故事。

从荷兰出发后，在路途上停车小便时，来自阿根廷的武女士迟到了。全车人注视着这位年约50岁，身材矮胖，但蛮精干的中年妇女，看给大家出什么好节目。

“我以前在文化部工作，到阿根廷快20年了。我这次是到广州参加广交会，顺道到欧洲走走。我也快十年未到欧洲了。”武女士从后面座位走上驾驶台，拿起话筒，用非常沉稳的语调说。她的普通话发音非常标准，且吐词清楚，声音清亮，极具感染力，一下就把全车人的目光吸引住了。“阿根廷这个国家，是上帝把最肥沃的土地给了最懒惰的阿根廷人。十几年前，阿根廷人均收入居世界第5位，现在已连续三年经济衰退，通货膨胀率

莱茵河畔的科隆大教堂

高达 5000%。阿根廷是最难签证的国家，一个签证可卖到 1 万美金。而中国人，尤其是福建人在阿根廷把中国人的声誉也败坏了，经常抢劫。我们上街都人人自危。前不久，我陪 6 位中国贸易代表团的代表在阿根廷首都布宜诺斯艾利斯照相，才几分钟时间，车上的全部行李被洗劫一空，4 本护照、美金、信用卡全丢了。我们向当地警方报了案，可谁也不管。这种事如发生在中国，公安局会马上立案侦察。这阿根廷警察也真是没一点责任感。不过，阿根廷环境真美，空气也忒好。我每年要回国参加两次广交会。每次到北京，我最想看到的是蓝天、白云、太阳，中国的污染太严重了!”

武女士讲完话后放下话筒，走回自己的座位。全车人再次注目这位经历不凡且事业心极强的女性，目光中多少带有一种崇敬。只身一人闯荡阿根廷近 20 年，每年来回跑两趟中国，对一个已近知天命之年的妇女，那要有多大的韧性和坚强的意志才能办到呵！肥沃的阿根廷虽然养了一群懒惰的阿根廷人，却锻炼了一批来自中国大陆的勤勉的华裔。

大巴快到德国科隆市时，在一次小停留中，来自上海律师代表团的两位律师小姐也迟到了 15 分钟，自然成了大家关注的对象。两位小姐先各自介绍了一下，周小姐率先打开话匣子：“今天是 10 月 1 日国庆节，又是中秋节，这是 28 年才遇到的双喜日子。我先唱一首《国歌》，表达对祖国的热爱。”国歌唱完后，周小姐又唱了一段越剧《红楼梦》，博得了大家的热烈掌声。不知是谁，说另一位小姐曹律师是朱时茂、陈佩斯音像版权的辩护人，顿时全车的人要求曹律师讲讲事件的经过。

“这起著作版权案是朱时茂和陈佩斯在中央电视台春节联欢晚会上表演的小品，都是他们和自己的太太到街上吃烤羊肉串、吃面条，经过深入体验后创作出来的，很受观众欢迎。但扬子江音响出版社未经他们许可，就将他们历年表演的小品制作成了 VCD，违反了著作权。朱时茂和陈佩斯在上海起诉后要求赔偿经济损失 100 万元。此案于今年 8 月先在上海市第二中级人民法院开庭审理。我是代理律师。”

“现在大家可以进行法律咨询，当然要收费，是收人民币。不过，最便宜的是免费。”孙导即兴插科打诨，引起了全车人一阵笑声。

“我有个问题想请教一下，”一位坐在前排的白发苍苍的老者接过话筒说，“我是四川美院的退休老师，我们在 60 年代创作了《收租院》，前几年意大利蔡国强画家将《收租院》复制后在意大利展览，并获了奖。但原作是四川美院创作的，蔡国强不是创作者，他侵犯了四川美院著作权，重庆日报也发了文章。我们拟请律师打官司，但涉及国际问题，不知这官司怎么打?”

“中国即将加入 WTO，今后一切程序都将与世界接轨，你谈的是涉及知识产权问题，而这也正是我国目前法律较薄弱的部分。相信随着 WTO 的加入，中国今后在保护知识产权方面会更加法制化，而你这个案子，应该讲是可以打的。不知你们现在请律师没有？需不需要我们帮助?”曹律师问道。

“我们已经请了四川政法学院教授做我们的法律顾问。”老者婉拒了曹律师的请求。

“生意做到旅游车上了，看来收获还不小。”孙导接过话，又说，“曹律师，唱首歌，我发现你的声音挺甜的。”

在车上乘客一阵起哄下，曹律师盛情难却，唱了一首周华健的《朋友》：

朋友一生一起走，
那些日子不再有。
一句话，一辈子，
一生情，一杯酒。
朋友不曾孤单过，
一声朋友你会懂……

曹小姐唱的声情并茂，感动了车上的所有听众，连开车的意大利司机也为之动容。

“时空的旅游，人生的历练。大家能走到一起，真是一种缘分。”孙导接过周小姐的话筒，感慨万分地说。“难得呵，今天是中国双喜的日子，中秋节和国庆。大家在车上过了很有意义的节日。我们从武女士口中得到了阿根廷的信息，又从曹律师口中获得了法律知识。真是‘读万卷书，行万里路’。好，故事结束了，下面马上就到了德国的科隆市。”

记者手记

我在无数次的旅游途中，像这次遇到高层次的孙导还是第一次，且旅途车上的一个个小故事也给人启迪。这正应了“读万卷书，行万里路”这样一个朴实的真理。

曾有一位旅客在车上公开声称古希腊哲人的一句听起来有点道理的名言：“宁可做快乐的猪，不愿做痛苦的苏格拉底。”实际上是将一个人对知识的追求和理想的求索限制在一个极其平庸而世俗的境地里。人必须要有信仰，即使是在旅途中，你也会感受到每一个来自中国的各个阶层、各个地区的游客，其心灵闪光点都会在旅途车上得到折射。正如一位作家所说：我是金属的碎片，而泱泱华夏则是巨大的磁场，无论我被命运扔到哪里，我都无法控制自我，都要被你吸住。

车在行，路还长，人生之旅，漫漫无止境。唯愿每一个人生的驿站都能留下我情感的光斑、思想的碎片。

行驶在莱茵河畔

当孙导告诉我们，科隆位于莱茵河中游西岸，参观完教堂后，可到莱茵河畔走走时，我心中“咯噔”一下子，从小读海涅的诗《罗曼罗莱》，对莱茵河上那位名叫罗累莱的女妖记忆犹新，是她唱出优美动听的歌曲，使来往船夫被歌声吸引，只顾张望寻找歌声来自何方，忘记了划船掌舵，以致触礁沉没，葬身河底。

几十年前，莱茵河水便在我心灵里汩汩流淌，滋润着我的诗情，幻想着有朝一日能亲眼目睹大诗人海涅的故乡——莱茵河。

如今，当我一下大巴，来不及欣赏那哥特式建筑世界闻名的科隆大教堂，便和张记者一起，来到了莱茵河畔。一座三连拱形的铁桥横跨莱茵河，宛如凌空飞虹，显得气势非凡。一艘漂亮的双层白色游艇正缓缓行驶在河面上。莱茵河河水碧绿、清澈，一如海涅那一首首优美的抒情诗，为德国这块肥沃的土地注入了盎然的生机。回首望，科隆大教堂正面的两座尖塔，犹如两把护卫巨剑直插蓝天，保护着德国人的母亲河莱茵河。

孙导说，科隆大教堂与巴黎圣母院、梵蒂冈圣彼得大教堂齐名，是欧

科隆大教堂

洲三大教堂之一。但我在里面看了看，感到比巴黎圣母院和圣彼得教堂要小，唯一的特点是它的高度压倒群雄，它的塔高 157.38 米，在双塔教堂中居世界之冠。而科隆的另一特色是它生产的 4711 古龙香水，因前后两个门牌号相加刚好是 4711，故而厂家就将香水的注册商标定为“4711”。古龙香水发展 200 多年来，至今仍保持着它蓝色、典雅、贵族感极强的外包装。

科隆大教堂前

告别科隆后，大巴向波恩驶去，公路两旁是一望无际的绿色森林，大巴就像一叶轻舟，荡漾在绿色海洋中。有时候在森林中会冒出一栋栋小巧玲珑、红黄相间的小别墅，像一个童话小王国，与世无争，静静地躺卧在绿野中。这种蓊郁茂密的植被森林与我国生态严重破坏相比，确实令人感慨万千。我曾在甘肃、贵州、云南一带采访，那漫无边际的贫瘠的黄土地使你难以见到片片森林。不过，现今中国已开始重视环保，森林植被率已从 80 年代的 12% 上升到 14%。不过与德国比，实在是相距太远。

下午，大巴到了波恩。古城波恩是莱茵中游与下游的分界点，它历史悠久，其森林、绿地和田野，占整个城市面积的四分之三。当我们一下车，

在波恩大学前的绿草地上

在马克思故居前

波恩大学的黄色图书馆便映入眼帘，更令我们叹赏的是图书馆门前那一大片绿地。走进城里，街心花园随处可见，就连窗上也植满了各种花草。满城郁郁葱葱，像一座美丽的花园城市。

在明斯特广场上，我们去朝拜贝多芬铜像，这位伟大的作曲家就诞生在波恩。在这里，贝多芬写出了第一批乐曲；在这里，贝多芬认识了德国音乐大师约瑟天·海顿。贝多芬曾说过："我在这块美丽的地方看到了世界的曙光，至今依然历历在目，我将把波恩的这一段时间看做是我一生中最幸福的时刻。"贝多芬在波恩生活了21年，22岁时他到了维也纳，此后便长期定居在那里，直至去世。

贝多芬故居是一幢三层小楼——波恩小巷20号。黑色大门紧闭，门旁有一块横匾，上面用英文写着：BEETHOVEN（贝多芬）。小屋十分简朴、恬静，洁白的窗棂，绿色的窗框，深黄的墙壁，黑黑的页岩屋瓦。墙上的藤蔓，盘根错节，叶枝繁茂。门对面的一块砖墙上，用炭精笔画着一幅贝多芬的肖像，他表情严肃、头发蓬乱，一双有神的大眼似乎又在构思他的伟大作品。

而在贝多芬画像下却立着一幅妙龄少女侧卧的广告画，女子旁边是一张大床，颇令人想象。墙上的

波恩大学广场上的贝多芬塑像

贝多芬肖像严肃、古典，地上的少女画浪漫、新潮，不知是有意还是无意，将两幅截然不同风格的画放在一起，形成了一道亮丽的景观。

在马克思故居

当大巴离开波恩时，沿途所见，感觉前东德首都波恩很萧条，不知是不是东德与西德合并后，首都迁址柏林，只留下了一些教育文化机构，以保留陪都的风貌。据说，波恩今后将发展成为一座工业科技城，以形成自己的城市特色。

“当你处在令人心旷神怡的波恩时，你才会真正感觉到莱茵地区的美好”。这使我想起著名哲学家施莱格尔对波恩的评价。事实上，身处波恩，确实更感到莱茵河的魅力，是莱茵河水孕育了这座美丽的花园城市。

德国最后一个景点就是马克思的故居特利尔市。特利尔是一座历史悠久的文化古城，这里青山环抱，绿水长流，风景优美。在该市布吕肯街 10 号的一幢普通楼房里，马克思生活了 17 年，渡过了童年和少年时代。此后，马克思离开故乡到波恩大学读书，攻读法律，从此很少再回来。现在，马克思故居已辟为马克思和恩格斯博物馆。不巧的是，我们去时博物馆没开放，只见到这幢极其普通的两层楼房的淡黄色的墙壁，棕色的门楣和窗沿，乳白色的窗扉，墙上有一块马克思头像的横匾和横匾上方一块蓝色的 10 号门牌。

伫立在马克思故居前，遥想当年马克思和恩格斯一生为人类解放事业奔波、奋斗，写下了人类历史的光辉篇章，并最终成为世界革命的领袖。马克思与海涅的友谊也成为文学史上的佳话，海涅在马克思的启发下，写下了大量脍炙人口的诗文，像《西里西亚的纺织工人》《德国——一个冬天的童话》。他们两人的友谊也源于莱茵河水的滋润。

“映着葡萄园的莱茵河醉了

夜里的金光在水上晃晃摇摇……”

莱茵河，这条饱受了岁月与历史洗礼的河流，曾哺育了马克思、贝多芬、海涅等伟大人物的河流，将永远为热爱它的人们所颂扬。

记者手记

莱茵河，德国的母亲河，它全长375千米，一路上那雄伟多姿的雪峰，碧绿如茵的草地，郁郁葱葱的森林，清流的湖面，加上林立的古堡，层层的瀑布，构成了一幅幅优美的图画。

它哺育了德意志，使其成为欧洲联盟的经济火车头，仅次于美日。

它哺育了歌德、马克思、贝多芬这样伟大的诗人、哲学家和音乐大师而使德国享有“诗人、哲人和音乐家的国度”的美称。

莱茵河水源远流长，历史悠久。它曾几度遭受古罗马、拿破仑的侵略。它早在19世纪纪初，便成立了由莱茵河畔各国组成的莱茵河航运委员会。它最终流入荷兰阿姆斯特丹，世界第一大港成为“莱茵河上的明珠”“欧洲的门户”。

莱茵河以它非凡的魅力向所有国家开放，它不仅属于欧洲，也属于全世界！

“靠山吃山”的卢森堡

早上9点，大巴从特利尔市向卢森堡行驶，沿途所见，那一片片碧绿整齐的麦田，一丛丛墨绿色的小树林，一座座白墙红顶房屋的村镇，给人一种欧洲田园风光的感觉，令人赏心悦目。

卢森堡是我们这次旅游的最后一个国度，也是欧洲最小的国家之一，人口仅37万。它以钢铁工业、金融业和广播电视业为三大经济支柱，素有“钢铁王国”和国际金融中心的美称。近年来，因其税收较低，金融业发达，有逐渐取代瑞士的趋势。

卢森堡公园

卢森堡的北京酒楼

大巴在上午 11 点左右到了卢森堡首都卢森堡市。城很小，除了几栋重要建筑外，大都是一两层楼的商店，街道整洁、清爽，行人不多，倒显得宁静。在所谓的景点——卢森堡大峡谷前，有一座漂亮的连拱桥，优美秀逸，风格独特。桥下森森植被、蓊蓊绿树，加之金黄的树叶、片片红枫，使整个大峡谷呈现出一种斑斓夺目的色彩。而对岸，一座古城堡正掩映在绿树丛中，只露出尖尖的塔。卢森堡大峡谷高不过 300 米，宽不过 400 米，与美国西海岸的大峡谷相比，真是让人笑掉大牙。我在 1997 年 4 月从纽约到大峡谷，俯瞰那深达 4 000 多米的大峡谷，怪石嶙峋，巨岩壁立，一水中流。其雄伟的自然地貌，博大恢弘的气魄，壮丽慑人的景观以及迷人的色彩，世间无所匹敌。不过，每一个国家都要为自己塑造一些景点，卢森堡的大峡谷，可真有点勉为其难了。

在大峡谷畔，我遇见一中国人，他推着一辆坐着刚刚一岁的小儿子的漂亮儿童车，在峡谷畔溜达。我与他搭讪起来，谈话中得知他是浙江人，在一餐馆做大厨，老婆做外卖。他自己的收入折合美金不足 1 000 元，很辛苦。现在卢森堡华人也不足 5 000 人。

“这儿的金融业最发达，有匿名存款制，许多外国人都来存款，有‘避税天堂’之美称，连巴黎的中国人都纷纷来此存款。”他很自豪地告诉我，“我之所以仍在卢森堡，就是看中了这点。等将来挣足了钱，在这儿买一套房子，安安稳稳过晚年。这儿的社会福利也蛮可观呢!”他边说边推着小车走出了我的视线。

卢森堡，果真是“避税的天堂”。在车上，孙导就给我们讲，卢森堡是靠山吃山，所谓“山”，即指发达的金融。在巴黎的华人，因其致富快，常令巴黎人不解。老外做餐馆，一半要上税，很少赢利，老亏。在生意上做不赢中国人。其实，中国人致富的秘诀，很大一部分靠偷税。其一是换牌子即餐馆名称，因做上三五年，赚够了钱，又不上税，也不存银行，就把钱放在家里的保险箱。等税务部门盯上后，又马上换壳，挪个地方，重起餐馆名称，如此避税，还真赚了不少钱。有一次，一个法国人想卖掉自己的别墅，如一次付清房款可便宜十几万元。温州一小伙子准备结婚，急需房子，就一次交够了50万现金，真让法国人吓傻了，哪这么多现金？因老外一般都存银行，用信用卡，很少见用这么多现金买房的。其二是，中国人开着车，装上保险箱到卢森堡存银行。因卢森堡手续简便、快捷，省掉许多麻烦，且安全、可靠。卢森堡就靠着金融这个产业，生活很富裕，跟瑞士差不多。

中午，我和张记者在麦当劳买了一份快餐面包，就在路边的咖啡桌上就餐。阳光暖暖地照在身上，有一种快意之感，也有几丝疲惫。毕竟这是最后一天，连续四天的旅游快结束了。

下午2点钟，大巴准时从卢森堡出发，经过法国著名的葡萄酒之乡——南斯。在小镇上，我花70法郎买了一小瓶葡萄酒，算作纪念。因时间紧，原定要到农庄去看葡萄酒的酿制过程的计划也只好取消了。

晚上7点钟，当香榭丽舍大道华灯初上时，大巴回到了安塞尔旅行社门口。

不知是谁说过，世界是一本书，

卢森堡的王宫

没有旅行过的人只读了一页。那我们旅行过的人，又读了几页呢?

漫漫的人生之旅还待我们继续去跋涉，只要我们用真诚和富有情感的眼睛去注目世界，我们会发现：美是到处都有的。

记者手记

一个弹丸大小的国家，却以发达的金融业称雄于欧洲，甚至可与瑞士媲美。这不能不令人称奇。

俗话讲：靠山吃山，靠水吃水。所谓靠山，就是靠山上的种植业。可卢森堡有那么丰盛的森林，却依然保存完好。没见一棵树被砍伐。卢森堡不是照样生活得很富裕吗?

灵活的金融机制拯救了卢森堡也带动了卢森堡其他相关产业的发展。美国微软总裁比尔·盖茨曾说：“在微软，唯一不变的东西就是变。”那么，在卢森堡，唯一不变的东西是不是也是“变”呢!

后　记

从法国采访回渝已几年了，直到最近才得暇将见闻整理完毕。我感到了一种轻松和惬意。这种轻松和惬意是基于我前年采访新、马、泰、港、澳回渝后，因工作繁忙，无暇整理笔记，乃至一大摞资料如今仍搁置在我抽屉里，如今，终于完成了。那种沉重和遗憾我不想再重复了，于是才有了这部书的诞生。

在法采访期间，我感到法国中小企业先进的环保技术和超前的环保意识，堪称世界一流水平。而法国、意大利的文化，尤其是佛罗伦萨文艺复兴时期的文化艺术、建筑艺术、宗教艺术和完整的城市风貌，又是整个世界文化艺术史上的瑰丽奇葩。

但另一方面，我感到法国和意大利，在整个城市建筑和科学技术，特别是思想观念方面，又太古老，太落后，与世界顶尖级的纽约曼哈顿相比，实在相距甚远。虽然，它们的古文化，曼哈顿远远不及，但华尔街的经济指标，却是世界经济沉浮的晴雨表。

孰优孰劣，自有人去评说。每一个国家都有它的可圈可点之处，也有它的诸多遗憾和不足，正所谓各得其所，相得益彰，才组成了这个多姿多彩的世界。

写完最后一篇散记时，窗外已是落叶纷纷，秋风瑟瑟。而正是这一片片落叶和缕缕秋风催熟了一个丰硕的秋季。

案头上，一封刚拆的来自法国科技新闻处的信再次发出邀请：于今年 9 月 20 至 29 日访问巴黎。

携着秋天收获的信息，我二度赴法采访。回国后，我将赴法的一些新的见闻补充进去，算是两次赴法的一个完整结尾。在此，我感谢法国科技新闻处驻港办事处处长马佳娜女士和芮小姐的热情关照和支持，是她们给予充分的信任，使我得以两次赴法，完成本书的创作。

“除了变，一切都不存在。”这或许已是我永远追求的至真至美的境界。在变中求快，在变中求新，在变中求异，只有这样，我才会在经过一次次辛勤耕耘后，来年的秋天再带给读者一个新的惊喜！

作者